Gott – der die das große Unbekannte

Norbert Scholl

Gott – der die das große Unbekannte

Staunens-Wertes und Frag-Würdiges

Matthias Grünewald Verlag

VERLAGSGRUPPE PATMOS

**PATMOS
ESCHBACH
GRÜNEWALD
THORBECKE
SCHWABEN
VER SACRUM**

Die Verlagsgruppe
mit Sinn für das Leben

Für die Verlagsgruppe Patmos ist Nachhaltigkeit ein wichtiger Maßstab ihres Handelns. Wir achten daher auf den Einsatz umweltschonender Ressourcen und Materialien.

Bibliografische Information der Deutschen Nationalbibliothek
Die Deutsche Nationalbibliothek verzeichnet diese Publikation in der Deutschen Nationalbibliografie; detaillierte bibliografische Daten sind im Internet über http://dnb.d-nb.de abrufbar.

Alle Rechte vorbehalten
© 2020 Matthias Grünewald Verlag
Verlagsgruppe Patmos in der Schwabenverlag AG, Ostfildern
www.gruenewaldverlag.de

Umschlaggestaltung: Finken & Bumiller, Stuttgart
Gestaltung, Satz und Repro: Schwabenverlag AG, Ostfildern
Druck: CPI books GmbH, Leck
Hergestellt in Deutschland
ISBN 978-3-7867-3229-7

Inhalt

Zur Einführung	7
Die Ausgangssituation	9
Verunstaltetes Gottesbild	15
»… der alles so herrlich regieret«	16
Widerspruch zur Wirklichkeit	17
Verlorene Aussagekraft	18
Staunen und Verwundern	23
Schneekristalle	24
Intelligente Pflanzen	27
Faszination Berg	32
Geheimnis Kosmos	39
Mikrokosmos	39
Makrokosmos	41
Fragen, die unsere Vernunft übersteigen	45
Der Urknall und andere Rätsel	47
Leistungsvermögen der Naturwissenschaften	47
»Urknall«	51
Expansion	58
Energie	58
Gravitation	59
Ursprung aus Nichts	60
Der christliche Schöpfungsglaube	63
Die letzte Ursache	67
Rückbesinnung auf Spinoza	70
»Panentheismus«	71
»Alle Dinge sind reiner Gott«	72
Die dunkle Seite	75
Unterscheidungen	76
Das Übel der Natur	77

Wie konnte Gott das zulassen?	78
Das moralische Übel	82
Das Milgram-Experiment	83
Die Hirnrinde	85
Die Frage nach der Schuld	89
Gott im »Bösen«?	91
Altruistisches Denken und Handeln	97
Gesellschaftliches Engagement	99
Organspende	108
Hingabe des Lebens für andere	109
Geheimnis des Unsagbaren	117
Genie und Inspiration	118
Brauch und Missbrauch	123
Der göttliche Bereich	127
JHWH, der Namenlose	128
Der Mitwandernde	133
Der in der Geschichte Handelnde	137
Jesus von Nazaret	143
Historizität	143
Jesus für Atheisten	146
Bekenntnisse	150
Nachdenken über »Gott«	159
Was die Menschen »Gott« nennen	159
Gott – beweisbar?	163
Gott – nicht beweisbar und nicht widerlegbar	169
»Negative Theologie«	173
Zum Abschluss	177
Anmerkungen	182

Liebe Leserin, lieber Leser!

Stellen Sie sich einmal vor, Sie würden beim Einkaufen in der Stadt plötzlich vor einer Reporterin stehen, die Ihnen das Mikrophon unter die Nase hält und Sie fragt: »Wie stellen Sie sich Gott vor?« Was würden Sie antworten? »Lassen Sie mich bitte mit solchen Fragen in Ruhe! Keine Auskunft!« Oder: »Gott? Wer fragt denn heute noch nach Gott? Ich kann mir unter Gott überhaupt nichts vorstellen. Ich glaube nicht an Gott.« Oder: »Jedenfalls nicht so, wie ihn der Pfarrer in der Kirche predigt.« Oder: »Gott? Das ist doch der alte Mann mit dem Rauschebart, der auf einer Wolke thront – droben überm Sternenzelt?« Oder (aber kaum anzunehmen) vielleicht auch: »Tja, gute Frage. Das muss ich mir noch überlegen!«

Die folgenden Ausführungen möchten Ihnen dabei eine kleine Hilfe sein. Ich lade Sie ein, mit mir über »Gott und die Welt« nachzudenken. *Albert Einstein* soll einmal gesagt haben, das Wichtigste im Leben sei, dass man nicht aufhört zu fragen. Fragen wir also: Gibt es eigentlich heute noch gute Gründe, an das Dasein »Gottes« zu glauben? Oder an »etwas Göttliches«? Oder an eine transzendente, alles gründende und umfassende Kraft und Energie? An eine »höhere Macht«? Ist das vernünftig? Oder eher ein Zeugnis von vormodernem, längst überholtem Denken? Ob das nun ein »er« oder eine »sie« oder ein »es« ist – es ist in jedem Fall »Der, die, das große Unbekannte«. Darum auch der Titel des Buches.

Sehr geholfen hat mir ein Nicht-Theologe und kritisch-hinterfragender Zeitgenosse, Dr.-Ing. Raimund Sommer, der mir manche wichtigen und weiterführenden Fragen stellte, mir aber auch viele gute Hinweise gab und selbst einige Texte beisteuerte, die von seiner naturwissenschaftlich-mathematischen Prägung und von seiner Begeisterung für die Philosophie Arthur Schopenhauers zeugen. Ich möchte ihm für sein tatkräftiges und engagiertes Mitwirken herzlich danken.

Die Ausgangssituation

Die Erzdiözese Köln hat vor einiger Zeit ein Projekt gestartet mit dem Titel »Ich bedauere Menschen, die an Gott glauben«. Darin können Menschen jeden Alters sagen oder schreiben, ob sie dieser Aussage zustimmen oder anderer Meinung sind.[1] Einige der über 300 Aussagen möchte ich Ihnen vorstellen:
- Anonym, männlich, 24
  ... nicht. Ich hebe mir meine Energie für sinnvolleres auf, dennoch verbreite ich recht offensiv meine Ansichten um der Missionierung etwas entgegenzusetzen
- Atheist
  Ich bedaure gläubige Menschen in gleichem Maße, wie früher die christlichen Missionare in den Kolonien die »gottlosen« Eingeborenen bedauert haben.
  Ich bedaure sie dafür, dass sie mit einer Überzeugung leben, für die sie in zukünftigen Geschichtsbüchern gescholten und ausgelacht werden.
- Anonym, männlich, 62
  ... eben so wenig, wie ich Menschen bedaure, die an Astrologie oder Homöopathie glauben; heute hat jeder die Möglichkeit, sich kundig zu machen und den Mut aufzubringen, sich seines eigenen Verstandes zu bedienen.
- Anonym, männlich, 46
  ... weil ich selbst lange Zeit meines Lebens geglaubt habe,

dass ich glaube. In der Zwischenzeit bin ich überzeugter Atheist und glücklicher als ich je als »Gläubiger« war. All dies ist nicht wirklich ein Argument für oder gegen das religiöse Glauben. Nach meiner Überzeugung verlieren (zu viele – aber bei weitem nicht alle) »Gläubige« zu leicht den Kontakt zur erkennbaren Wahrheit/Wirklichkeit und das halte ich, vor dem Hintergrund der Möglichkeiten der menschlichen Vernunft, für außerordentlich bedauernswert.

- Daniel, 25

… nicht .. Nur finde ich es schade, dass sie es in der heutigen Zeit nicht besser wissen.

- Siegfried Vocasek, 70

… und mitlaufen, ohne sich mal die Mühe gemacht zu haben sich klarzumachen, woran genau sie jetzt eigentlich glauben

- Bernd Nowotny, 68

weil ich ihn noch nie erlebt habe. Und weil mich die Berichte von anderen nicht überzeugt haben.

- Joscha, 17

Wenn es einen Gott auf dieser Welt geben würde, warum vergewaltigt und misshandelt die kath. Kirche kleine wehrlos Kinder, die sich in keiner Weise schützen können?

- Michael Bernast, 51

»gott« ist für mich ein menschliches konstrukt, welches sich in vieltausendjähriger geschichte mehr oder, gegenwärtig zunehmend weniger bewährt hat. im zuge der evolutionären gesellschaftsentwicklung sorgt das festhalten am hilfskonstrukt »gott« immer stärker für nicht lösbare spannungen.

- Gunter Veet, 67
  weil, das, was man Gott nennt, nur eine Idee ist, die dazu dient, Menschen in Abhängigkeit zu bringen, um die Kassen in den Kirchen klingeln zu lassen: Dummheit gepaart mit Abhängigkeit macht »glücklich« – nein, danke!

Das klingt nicht sehr ermutigend. Unter den vielen Antworten befinden sich nur wenige, die kein Bedauern über Gott-Gläubige äußern, sondern sich im Gegenteil ausdrücklich zu ihrem Glauben an Gott bekennen.

Wissenschaftlich exakter, aber vom Ergebnis her kaum wesentlich anders, sind Umfrage-Ergebnisse der beiden großen Kirchen in Deutschland. Die katholische Kirche in Deutschland gab 2005 beim Marktforschungsinstitut »Sinus« eine Milieustudie über die religiöse und kirchliche Orientierung der Katholiken in Auftrag. Im Frühjahr 2013 folgte ein »Update«. Die erste und noch viel stärker die zweite Studie zeigen: Viele Befragte verstehen sich nicht (mehr) als gläubig im traditionellen Sinn und suchen auch nicht aktiv nach einer Beziehung zu Gott. Insbesondere in den jungen und unterschichtigen Milieus spielen Glaube und Religion im Alltag häufig gar keine Rolle mehr. Bei vielen Befragten ist der Glaube individualisiert – und nicht an Religion und Kirche gebunden. Viele bezeichnen sich zwar als religiös, definieren aber den Inhalt ihres Glaubens ebenso wie ihre Vorstellungen von Gott eher diffus.[2]

Auch die Ergebnisse einer Umfrage des SPIEGEL vom Frühjahr 2019 zeigen, dass das religiöse Weltbild der Kirchenmitglieder mit den Vorstellungen der offiziellen Lehre der Kirchen nur noch partiell übereinstimmt. Die leider sehr allgemein gestellte Frage »Glauben Sie an einen Gott?« findet traditionell mehrheitlich die Antwort »Ja«. Allerdings hat sich diese Mehrheit seit 2005 (66 Prozent »Ja«) auf 55 Prozent verringert. Auch die Mehrheit in West-Deutschland, die sich 1989 noch auf 86 Prozent belief, reduzierte sich auf 63 Prozent. Bei den CDU/CSU-Anhängern sind es zwei Drittel, die sich zu »einem Gott« bekennen, bei den SPD-Anhängern besteht hingegen keine Mehrheit für »einen Gott«. Auffällig ist, dass immerhin zwei Drittel der Deutschen (66 Prozent) der Meinung sind, dass es Wunder gibt, während nur gut die Hälfte (55 Prozent) an einen Gott glaubt. Von den Personen, die an »einen Gott« glauben, glaubt allerdings ein Viertel nicht mehr an den dreifaltigen Gott und mehr als ein Drittel nicht daran, dass *Jesus* in einer Person Gott und Mensch gewesen sei. Zwischen der formalen Religionsmitgliedschaft und dem persönlichen Glauben bestehen erhebliche Diskrepanzen.[3]

Diese für aufmerksame Beobachter der kirchlichen Gegenwartssituation nicht überraschenden und verwunderlichen Ergebnisse sollten jene Theologen und Kirchenführer von der Meinung abbringen, man könne einfach so weitermachen wie bisher, und es würde genügen, den Gläubigen immer wieder einzuschärfen, sich an die »unwandelbare Lehre der Kirche« und ihre »ewig gültigen Sätze« zu halten. Um zu erfahren, wie diese Lehrsätze über Gott lauteten, brauchen wir nur ein Buch in die Hand zu nehmen, das Generationen von Theologen als Lehrbuch für Dogmatik gedient hat (ich habe es auch benutzt[4]): Das Erste Kapitel trägt die Überschrift »Die Lehre von Gott dem Einen und Dreipersönlichen«. Darin befinden sich Abschnitte wie »Die theologische Bestimmung des Wesens Gottes«, »Die Eigenschaften Gottes im allgemeinen«, »Die Attribute des göttlichen Seins«, »Die Attribute des göttlichen Lebens«, »Das göttliche Erkennen oder Wissen«, »Das göttliche Wollen«, »Die spekulative Erklärung des Trinitätsdogmas«, »Die Zeugung des

Sohnes aus dem Intellekt des ...« – Stopp, stopp, stopp! höre ich Sie rufen. Zu Recht. Wenn man bedenkt, dass dieses Buch ein halbes Jahrhundert lang Standardlehrbuch katholischer deutscher Theologiestudierenden war, dann darf man sich nicht wundern, dass der Glaube an Gott hierzulande heute mehr und mehr verdunstet. Pfarrer, die diese Theo-»Logie« (sprich: Theo-*Phantasie*) verinnerlicht haben und sie in ihren Predigten den Menschen zumuten, dürfen sich nicht beklagen, wenn ihre Kirchen immer leerer werden. Ein Papst oder ein Bischof, der solche »Gottesrede« in seinen Enzykliken oder Hirtenbriefen verwendet, muss damit rechnen, dass seine Schäfchen sich von diesem »Gott« abwenden.

Die Hochwürdigsten und Hochwürdigen Herren (bis Mitte des letzten Jahrhunderts lehrten nur ordinierte Männer und keine Theologinnen an Universitäten) müssen sich ernsthaft den Fragen stellen: Welches Gottesbild besitzt (noch) Relevanz für das Leben der Menschen von heute? Welche verborgene Facette Gottes nehmen Menschen in der Welt von heute wahr? Zu welchem Gott bekennen sich Menschen in diesem oder jenem Milieu? Bedeutet ihnen Gott überhaupt noch etwas? In welchen Situationen wird die Gottesfrage für sie (noch) virulent? »Diejenigen haben Recht, die von der Verdunstung des Glaubens sprechen. Der Glaube hat in der Spätmoderne seinen Aggregatzustand verändert. Er ist von einem festen, in kirchlichen Formeln und Formen fassbaren Zustand in einen fluiden oder gar gasförmigen übergegangen. Der verdunstete Glaube liegt buchstäblich in der Luft.«[5] Die neueste deutschlandweite Studie des Sinus-Instituts im Auftrag und in Kooperation mit dem Erzbistum München und Freising zeigt unter anderem, dass nur noch 46 Prozent der Katholikinnen und Katholiken »an eine höhere Macht« glauben, »aber nicht an einen Gott, wie ihn die Kirche beschreibt«, zugleich aber zwei Drittel zustimmen, dass Gott sich in Jesus Christus zu erkennen gegeben habe. Das zeigt eine Verunsicherung im christlichen Gottesbild an. Sie spiegelt sich auch in der mehrheitsfähigen Meinung, »dass alle Weltreligionen im Großen und Ganzen ähnlich sind«.[6]

Bei den Angehörigen der Evangelischen Kirche sieht es kaum anders aus. 58 Prozent der EKD-Evangelischen bezeichnen sich selbst als »nicht religiös«. Bei den jungen Erwachsenen in Deutschland verstehen sich 61 Prozent als »nicht-religiös« und 20 Prozent als »Unentschlossene«. Die Hälfte der Nicht-Religiösen (51 Prozent) kann mit einem »Glauben an Gott« nichts anfangen, während zwei Drittel der Religiösen (69 Prozent) bekennen: »Ich glaube an Gott«.[7] In einer neueren EKD-Studie unter jungen Erwachsenen in Deutschland sagen von den 19- bis 27-Jährigen nur 19 Prozent, dass sie religiös seien. Eine Mehrheit sagt: »Über das, was ich glaube, entscheide ich selber«. Ein Fazit des Studienleiters lautet: »Es ist eine – vielleicht die erste – wirklich postchristliche Generation. Gott ist weitgehend verschwunden.«[8]

Was tun? Sich damit abfinden? Oder vielleicht einmal die phantasievollen, realitätsfernen Antworten der Dogmatiker bei Seite lassen und sich selber Gedanken machen über Gott und die Welt? Über das letzte und tiefste Geheimnis des Lebens und des gesamten Kosmos? Über den oder die oder das »Große Unbekannte«?

Verunstaltetes Gottesbild

In einem lesenswerten Aufsatz hat sich der katholische Theologe *Andreas Benk* der Frage gestellt: »Was heißt denn: Ich glaube an Gott?«[9] Er stellt fest: »Wer hier schlicht mit Ja oder Nein antwortet, nimmt Missverständnisse in Kauf. Denn das Gottesbekenntnis allein drückt nicht aus, was einem Menschen wesentlich ist, es erklärt nicht, für was er eintritt und worauf er sein Leben setzt.

Gottesglaube kann dazu dienen, sich der eigenen Verantwortung zu entziehen. Wer sich seinem Gott verpflichtet fühlt und sich jeder weiteren Begründung für sein Tun enthoben sieht, kann zu jeder Unmenschlichkeit fähig sein. ›Gotteskrieger‹ aller Zeiten lehren uns das Fürchten. Angesichts der verzerrten und verunstalteten Gottesbilder, die uns in allen Religionen begegnen, schließt ein Gottesbekenntnis kein Bekenntnis zur Menschlichkeit ein. Die Gretchenfrage ist nicht, *ob* jemand an Gott glaubt oder nicht, sondern an *welchen* Gott jemand glaubt oder eben nicht glaubt.

Ein Gott, der den Mord von Menschen befiehlt oder auch nur duldet, ist verabscheuungswürdig. Ein Gott, der durch sein vermeintliches Geschlecht patriarchale Strukturen rechtfertigen soll, muss destruiert werden. Ein Gott, der Ausbeutung legitimiert und Ausgebeutete vertröstet, ist ideologisches Machwerk. Der biblische Gott, der sich kompromisslos auf die Seite der

Unterdrückten stellt und Gerechtigkeit schafft, hat aber auch wenig gemein mit einem Gott, dessen Funktion sich darauf beschränkt, individuelle Sinnkrisen zu bewältigen. Wo Gott derart verstanden und bekannt wird, muss sich christliche Theologie zum Atheismus bekennen, um deutlich zu machen, worum es ihr geht und wofür sie eintritt.

Aus diesem Grund kann es nicht verwundern, wenn religiöse und gottgläubige Menschen immer wieder bemerken, dass sie sich erklärten Atheistinnen und Atheisten näher verbunden fühlen als solchen, die sich als religiös und gläubig verstehen.«

»... der alles so herrlich regieret«

Stellen Sie sich vor, Sie hätten an einem Sonntagmorgen in den Nachrichten von einem schrecklichen Unglück, einem Erdbeben oder einem Taifun, gehört, das irgendeinen Teil der Erde heimgesucht und viele Todesopfer gefordert hat. Dann gehen Sie in die Kirche. Und dort wird ein Lied angestimmt, dessen zweite Strophe lautet: »Lobe den Herren, der alles so herrlich regieret, der dich auf Adlers Fittichen sicher geführet, ... der dir Gesundheit verliehen, dich freundlich geleitet.« Können Sie da noch ehrlichen Herzens mitsingen? Es kommen Ihnen vielleicht noch die geschändeten oder auf Sklavenmärkten zum Kauf angebotenen Jesidinnen in den Sinn. Die Flüchtlinge aus Syrien. Die im Mittelmer ertrunkenen Geflüchteten. Die Opfer von Terrorismus und Gewalt. »... der dir Gesundheit verliehen, dich freundlich geleitet. In wieviel Not hat nicht der gnädige Gott über dir Flügel gebreitet«.

Oder die dritte Strophe aus dem Lied »Großer Gott, wir loben dich«: »... starker Helfer in der Not! Himmel, Erde, Luft und Meere sind erfüllt von deinem Ruhm, alles ist dein Eigentum.« Auch hier die Frage: Wo war der »starke Helfer in der Not« bei der verheerenden Tsunami-Welle im Indischen Ozean von Weihnachten 2004 mit etwa 230.000 Toten, über 110.000 Verletzten und über 1,7 Millionen Obdachlosgewordenen?

Ein Leserbrief in der Zeitschrift »Christ in der Gegenwart« bringt die ganze Problematik sehr treffend zum Ausdruck: »Es wäre gut, einmal ausführlich zu bedenken, wie sehr die Sprache der Kirche in ihren fest gefügten Texten, in Liedern und Gebeten, ein Menschenbild und ein Gottesbild transportiert, das von vorvorgestern ist. Es kommt aus einer Zeit, die sehr obrigkeitshörig war, aus einer Gesellschaft, die aus Untertanen bestand und die Obrigkeit pries und lobte, anflehte und mehr Bitten aussprach als Dank. Das schlägt sich alles in Gebeten und Liedern nieder, die heute in völlig anderen Zeiten der gesellschaftlichen und politischen Mitwirkung nur noch museal wirken können. Wenn nur um der teuren Tradition willen diese überholte Sprache beibehalten wird, wird es schwer, Menschen von heute anzusprechen.«[10]

Widerspruch zur Wirklichkeit

Bemerken wir es gar nicht mehr, dass unser gottesdienstliches Singen und Loben häufig im eklatanten Widerspruch steht zu der uns umgebenden, täglich leidvoll erfahrbaren Wirklichkeit? Blenden wir die Nachtseiten dieser Welt einfach aus? Wollen wir sie nicht wahrhaben? Wie »herrlich regiert« ein Gott, von dessen Regentschaft leider nur allzu oft nichts zu spüren ist? Wo zeigt sich sein »alles erfüllender Ruhm« in einer Welt, die autonom abläuft? Kann man es denkenden und kritisch eingestellten Menschen verübeln, wenn sie sich schwer tun, heute noch an einen tatkräftigen personalen Gott zu glauben? Wenn sie überhaupt nicht mehr an einen »Herr«-Gott glauben können?

Wenn man erst einmal angefangen hat mit dem Fragen, dann kommt man an kein Ende mehr: Hat Gott früher wahrnehmbar und erfahrbar »regieret«? Hat er überhaupt je regiert in einer Welt, die doch wohl nicht erst seit dem Aufblühen der neuzeitlichen Naturwissenschaften scheinbar völlig ohne sein Wirken abläuft? Hat er nur deshalb »regieret«, weil den an Gott Glaubenden früherer Zeiten das moderne Weltverstehen noch nicht zur Verfügung stand und weil sie deswegen ganz selbstverständlich einen personalen Schöpfergott annahmen? Dass sie ihn annehmen mussten, um überhaupt irgendeine Erklärung für die vielen Rätsel und Geheimnisse dieser Welt zu finden?

Verlorene Aussagekraft

Der glaubende bzw. glauben wollende Mensch muss erleben, dass hinter seinen Gebeten und religiösen Handlungen keine personale, metaphysische Wirklichkeit zu stehen scheint. Keine Person, die ihn sieht und hört und anspricht. Sind vielleicht alle Versuche der Theologen, Gott zu denken oder zu umschreiben, nur nichtssagende Chiffren und inhaltsleere Symbole, die für etwas stehen, was es gar nicht gibt? Nicht nur angefochtene, zweifelnde Gläubige, sondern auch in der Seelsorge engagierte Theologen können diesen Fragen nicht (mehr) ausweichen. Dem Brief eines promovierten Theologen entnehme ich Folgendes: »Mein Gott ist die Hypothese, die ich brauche, um Sinn im Leben zu finden. Der Sinn geht nur auf, wenn dieser Gott so ist, wie ich ihn mir denke. – Ich weiß natürlich, dass das sehr subjektiv ist, dass das, was mir sinnvoll erscheint, mit meiner Erziehung, vor allem mit dem, was ich als Kind an Geborgenheitsgefühl vermittelt bekam, zusammenhängt; wahrscheinlich auch mit dem, was in meinen Hirnwindungen und Nervenzellen an Geborgenheitserfahrung überhaupt aufnehmbar ist. Mehr ist nicht möglich – doch, ein bisschen mehr schon: Ich kann mein Gottesbild teilen, ›kommunizieren‹ mit andern Menschen. Mit manchen über den Austausch von Gedanken im Gespräch oder im Brief, mit anderen über die Erfahrung von Musik, mit anderen über religiöse Formeln, mit anderen über Liturgie. Und ich habe im Laufe meines Lebens den Eindruck gewonnen, je mehr Zeit und Muße ich habe für solche Kommunikation, desto mehr gelingt sie.«

Schon vor etlichen Jahren hat ein ehrlicher und aufrichtiger Theologe, *Gotthold Hasenhüttl*, es gewagt, seine Probleme mit der Gottesrede und die Lösung, die er dafür gefunden hat, öffentlich anzusprechen: »Es war leicht zu beten, als ich in der Einfalt meines Herzens noch niederknien konnte und einen Herrn im Himmel wusste, der mich ansah. Ich konnte meine Nöte und Freuden vor Gott ausbreiten und wusste um seine Erhörung, auch wenn sie nicht immer erfahrbar war. Heute kann ich Gott nicht mehr als Herrn verstehen und mich nicht mehr als sein Diener fühlen. Ein anbetendes Niedersinken mit Tränen in den Augen vor Glück oder Leid ist sinnlos geworden. Kein göttliches Du, sondern nur das menschliche Du in aller Zweideutigkeit begegnet mir. Partner bin ich den Menschen in der Gemeinschaft, aber Gott ist nicht mein Partner. Trotzdem hoffe ich für die Gegenwart. Nicht so, dass ich ein reines Licht in meinen Händen hielte – wohl aber so, dass in meinem menschlichen, zweideutigen Schicksal immer wieder ein Licht, eine Tiefe durchscheint, die größer ist als ich, die das Gute dominieren lässt und mich überwältigt. So weiß ich, bar aller Vorstellung, auch heute, dass ich bejaht bin, dass es in der Absurdität des Lebens Sinn gibt, Sinn, der glücklich macht. Ich bin bejaht, wenn ich Liebe schenke, wenn mich menschliche Beziehung froh macht, wenn ich an der stets vorläufigen Gesellschaft der Zukunft mitarbeite. So kann ich auch heute ausrufen, wie vor Jahrtausenden der Psalmist: Ja, Er ist; ich bin bejaht; es ist Gott!«[11]

Sicher gibt es viele fromme und gläubige Menschen in den etablierten Kirchen, die solches Umdenken nicht nachvollziehen können, die am »bewährten Alten« festhalten wollen, die kritische Fragen als lästig, als bedrohlich oder gar als gotteslästerlich empfinden. Aber es gibt auch andere, nicht weniger fromme und gläubige Menschen, die sich mit der Frage nach Gott herumquälen und die um eine Rede von Gott ringen, die in der Welt von heute glaubwürdig und ehrlich erscheint. Solche fragend und zweifelnd Glaubenden finden sich auch unter Pfarrern und Bischöfen. Sie wagen es nur nicht, ihre Fragen und Zweifel zu Ende zu denken, geschweige denn, sie auszusprechen. Vielleicht sind sie auch zu angepasst und zu karrierebewusst, um diesen Schritt zu riskieren.

Es dürfte für viele »schlichte« Gläubige, die sich mit ihren Glaubenszweifeln herumplagen, eine große Erleichterung bedeuten, wenn sie innerhalb ihrer Gemeinschaft Menschen finden, mit denen sie offen und ehrlich, ohne Scheu über ihre Zweifel reden können. Wenn sie vielleicht auch einmal von einem Bischof oder auch »nur« von ihrem Pfarrer zu hören bekommen, dass auch deren Glaube angefochten ist. Wenn sie erfahren können, welche Antworten andere Gläubige gefunden haben, um mit den Schwierigkeiten fertig zu werden. Ich wünschte mir in der katholischen Kirche einmal einen »Hirtenbrief«, in dem der Bischof nicht von seinem »unerschütterlichen Glauben« spricht und ihn von den Gläubigen entsprechend einfordert, sondern in dem er offenlegt, wie man heute glaubwürdig von Gott reden kann.

Es erscheint mir als ein bedenkliches Zeichen für die Aufrichtigkeit und auch für die Reife des Glaubens, dass leider hier meist Schweigen herrscht. Dass es kaum jemand wagt, mutig und ungeschützt seine höchst persönlichen Probleme mit der Gottesfrage zur Sprache zu bringen. Ohne diese Ehrlichkeit wird es jedoch kaum möglich sein, die verbreiteten Schwierigkeiten im Glauben an Gott zu überwinden.

Aus der schon oben zitierten Zeitschrift »Christ in der Gegenwart« möchte ich noch einen zweiten Leserbrief zitieren. Er stammt von einem Priester, der seit vielen Jahren in einem besonders sensiblen Bereich der Pastoral tätig ist:

»Meinen ›Kindheitsgott‹ und meinen ›Theologengott‹ habe ich bei meiner Arbeit als Gefängnis-Seelsorger verloren. Aber mein Blick wurde weiter, und ich erkannte meine eigene Gefangenschaft in meinem Denkgebäude. Und dann, unerwartet, auf unbekannten Wegen, hinter Gittern, Gespräche ohne Geländer: ohne ein Wort von Gott, ohne Gebet, ohne Bibel, ohne fromme Worte, ohne Sakrament.

Aber: aussprechen können, was noch nie über die Lippen kam, ohne Angst vor Verachtung, angenommen mit Schuld und Versagen.

Und dann leuchtet es manchmal auf wie umarmendes Licht: Menschsein, auch als verurteilter Verbrecher. Die Zeit steht still, aber nur kurz. Die harte Wirklichkeit ruft zurück in die Zelle, noch ein Händedruck, Auge in Auge, Worte zum Abschied:

›Pfarrer, hat mir gut getan.‹ Sonst nichts – nur die Zellentür. Noch ist sie offen, ich muss sie verschließen. Hart fällt der Riegel ins Schloss. Und der Mensch ist wieder allein in der Zelle. Oder ist er doch nicht mehr allein? Ich gehe fort mit dem Schlüssel. Seit fast zwanzig Jahren hinter Gittern: Gespräche ohne Geländer. Weit in der Ferne – manchmal auch nah – wird Gott spürbar, eine Ahnung von Jahwe, dem ›Ich-bin-da-Gott‹ der Bibel.«[12]

Staunen und Verwundern

Der Religionspädagoge *Klemens Tilmann* (1904–1984) hat vor Jahren ein sehr hilfreiches Büchlein verfasst »Staunen und Erfahren als Wege zu Gott«. Er schreibt darin: »Ein Mensch, der nicht staunt, hat das Erstaunliche nicht wahrgenommen. Er erfasst nur eine Seite der Wirklichkeit. Er ist auf eine Haltung festgelegt, die die Welt analysieren, ausnützen und beherrschen will; was nicht in diesem Interessenhorizont liegt, wird übersehen. So erblindet er für eine wesentliche Seite der Wirklichkeit und wird ihr nicht mehr gerecht. Darum ist auch eine Erziehung, die nicht auch zum Staunen führt, einseitig und im Tiefsten unwahr. Sie verfehlt das Wesen der Naturwirklichkeiten, wie das des menschlichen Daseins. Sie verfehlt das volle Wesen des Menschen und verbildet darum. Wenn der Mensch offen der Natur begegnet, kann es nicht ausbleiben, dass er staunt. Er trifft auf Unbegreifliches. Alles, was lebendig ist, kann er nicht durchschauen, am wenigsten sein eigenes Geheimnis. Je mehr er forscht, umso mehr stößt er auf Unerklärliches oder überraschend Sinnvolles. Die Sinnhaftigkeit aber, deren tiefster Grund nicht in den Dingen selber liegen kann, rührt ihn an wie etwas, was anderswoher kommt. Die komplizierten Ordnungen, die er wahrnimmt, sowie Gestalt und Schönheit der Dinge und Wesen erklären sich nicht allein aus ursächlichen Abläufen. In ihnen begegnet der Mensch objektivem Geist. Damit aber ist er vor ein Geheimnis geraten und er staunt.«[13]

Wer religiös ist, müsste etwas in seinem Leben erfahren haben, dass ihn mit diesem Gefühl erfüllt hat, das ihn zum Staunen und Verwundern herausforderte, von dem er sich betroffen und in Verantwortung genommen sah. Vom griechischen Philosophen *Platon* stammt die Einsicht: »Das Staunen ist die Einstellung eines Mannes, der die Weisheit wahrhaft liebt, ja es gibt keinen anderen Anfang der Philosophie als diesen.«[14]

Staunen und Verwundern können einen Prozess des Nachdenkens auslösen. Man möchte wissen, was »dahinter steckt«, was sich hinter dem verwunderlichen, staunenswerten Phänomen verbirgt. Folgen Sie mir daher zu einer Reihe von Betrachtungen über Naturphänomene, die Staunen und Bewunderung in uns auslösen können, wenn wir uns nur auf sie einlassen.

Schneekristalle

Nehmen wir einmal etwas ganz Unscheinbares und (im Winter noch häufig) Alltägliches: die Schneeflocke. Haben Sie schon einmal über dieses kleine, scheinbar so gewöhnliche Wunderwerk gestaunt? Schauen Sie sich einmal die kleine Auswahl an, die im Internet zu bestaunen ist![15]

Aber das Fotografieren eines Schneekristalls ist gar nicht so einfach. Dem Deutschen *Johann Heinrich Ludwig Flögel* gelang es 1879 erstmals, einen Schneekristall zu fotografieren. Erst 50 Jahre später, im Jahr 1931, veröffentlichte der Amerikaner und Autodidakt *Wilson Bentley* in seinem Buch »Snow Crystals« mehr als 2.400 Fotografien von Schneekristallen. Und löste damit eine Welle der Begeisterung für die filigranen Schönheiten aus, die bis nach Japan schwappte. Dort widmete sich ab 1933 der Physiker *Ukichiro Nakaya* der eisigen Materie. Er schoss rund 3.000 Fotos von natürlichen Eiskristallen. Nach drei Jahren Forschung gelang es ihm erstmals, künstliche Eiskristalle wachsen zu lassen – an Kaninchenhaaren. *Nakaya* unterschied sieben Haupt- und weitere Nebentypen – insgesamt 41 verschiedene »morphologische Grundformen«. Bis in die 60er-Jahre des letzten Jahrhunderts entdeckten seine Nachfolger noch einmal so viele. Am Kitami Institute of Technology in Hokkaido haben Kristallografen dieses System noch weiter verfeinert. Dazu analysierten sie den atomaren Aufbau der Kristalle mit Röntgenstrahlen. Nach dem heutigen Stand der Forschung gibt es acht Kategorien fester Niederschläge, darunter Säulen-, Graupel- und Eiskeimkristalle. Innerhalb dieser Kategorien unterscheiden die Forscher noch einmal 35 Typen, zum Beispiel skelettartiger oder speerspitzenartiger Kristalle – und insgesamt 121 Untertypen.[16]

Es wird angenommen, dass seit Anbeginn der Zeiten eine Sextillion Schneeflocken auf die Erde gefallen sind – eine Eins mit 36 Nullen dahinter. Und – wahrscheinlich – keine von ihnen wie die andere.

Und noch etwas: Im Wassermolekül sind je zwei Wasserstoffatome über eine Elektronenpaarbindung an ein Sauerstoffatom gebunden. Aus den unterschiedlichen Elektro-Negativitätswerten von Sauerstoff und Wasserstoff ergibt sich ein *negativer* Ladungsschwerpunkt auf der einen Seite des Sauerstoffs und ein *positiver* Ladungsschwerpunkt auf der anderen Seite des Wassermoleküls beim Wasserstoff. Mit diesen unterschiedlichen Ladungen an den Molekülenden – ein so genannter Dipol – weist Wasser ganz bestimmte elektrische Eigenschaften auf: Die Wassermoleküle, aus denen die Schneeflocken bestehen, »drängt« es danach, sich bei Temperaturen zwischen -17°

und -12° aus der Dampfphase an einem »Kondensationskeim« anzulagern. Sie »müssen« das in sechsstrahliger Symmetrie tun, weil sie die Dipol-Eigenschaft des Wassers dazu »zwingt«. Neu hinzukommende Moleküle »drängt« es dazu, sich bevorzugt an den Ecken der Struktur abzulagern. So entsteht, was die Mathematiker ein Fraktal nennen. An jeder Ecke wächst ein Röhrchen, an dessen Ende bilden sich wiederum kleine Röhrchen – und so weiter. Geschwindigkeit und Richtung des Wachstums hängen von Temperatur und Luftfeuchtigkeit ab. Und weil zwei Flöckchen niemals zusammenbleiben, sind diese Bedingungen immer verschieden – wenn auch nur in winzigen, kaum noch messbaren Nuancen.

Allmählich kommen wir ins Staunen und Verwundern. Wer oder was nötigt die Sextillion Einzel-Schneeflocken dazu, ihre »Individualität« aufzugeben und die Einheit »Schnee« zu werden? Wie und warum ordnet sich das Chaos der Wassermoleküle zum Kosmos? Ist diese unerschöpfliche Vielfalt, die zur geordneten Einheit drängt, »Methode«? Verläuft nicht auch die gesamte Evolution ähnlich – vom Einzelnen zur Einheit, vom Chaos zum Kosmos?[17]

Und wenn dann im Frühjahr der Schnee zu schmelzen beginnt, kommen die Krokusse und die Schneeglöckchen aus dem Erdboden, manchmal durchbrechen sie sogar die letzten Schneereste. Ich erinnere mich an eine Traum-Abfahrt mit Ski von der Oberaarjochhütte ins Rhônetal. Oben auf 3.000 m Höhe noch eine geschlossene Schneedecke, dann wurde der Schnee weich, es gab immer mehr Lücken und die letzten Meter fuhren wir auf Schneeresten zwischen blühenden Krokussen hindurch, bis wir unsere Ski abschnallen mussten und über saftig grüne Matten zwischen hunderten von Krokussen zum Bahnhof laufen konnten, die Ski auf dem Buckel. Die Natur hat eine unermessliche

Fülle Staunens- und Verwundernswertes zu bieten. Je mehr wir davon erfahren, je weiter die Wissenschaft voranschreitet, desto mehr »weiße Felder« tun sich auf. Kommen wir deshalb aus dem Staunen nicht mehr heraus, weil es gar nicht anders geht?

Intelligente Pflanzen

Ein zweites staunenswertes Beispiel möchte ich anführen – die Pflanzen. Im Allgemeinen schenken wir den außerordentlich hoch entwickelten Möglichkeiten der Sinneswahrnehmung von Blumen und Bäumen, die im eigenen Garten oder direkt vor unserer Haustür wachsen, wenig Beachtung. Während die meisten Tiere die Fähigkeit besitzen, ihre Umgebung zu wählen und bei Gefahr ein Versteck aufzusuchen oder zu fliehen, sind die Pflanzen an ihren Standort gebunden. Tiere können aktiv nach Nahrung und einem Partner Ausschau halten oder im Rhythmus der Jahreszeiten in angenehmere Regionen ziehen. Pflanzen können das nicht. Sie müssen sich dem ständig verändernden Wetter anpassen, dem raumgreifenden Nachbarn standhalten und sich den Angriffen von Schädlingen erwehren. Dazu haben Pflanzen im Lauf der Evolution komplexe Systeme der Sinneswahrnehmung und Regulierung entwickelt, die ihnen erlauben, bei ihrem Wachstum die wechselhaften Bedingungen zu berücksichtigen und sich nutzbar zu machen.

Dazu müssen sie aber die Welt um sich herum überhaupt erst einmal wahrnehmen. Sie haben gelernt zu »sehen« – sie unterscheiden zwischen rotem, blauem, dunkelrotem und ultraviolettem Licht und reagieren entsprechend. Sie können »riechen« – sie nehmen die Gerüche in ihrer Nähe wahr und reagieren auf winzige Mengen flüchtiger Substanzen in der Luft, die sie umweht. Sie können »fühlen« – sie spüren es, wenn sie berührt werden und vermögen es, verschiedenartige Berührungen zu unterscheiden. Sie nehmen die Gravitation wahr und können ihre äußere Gestalt ändern, um sicherzustellen, dass ihre Triebe nach oben und ihre Wurzeln nach unten wachsen. Ohne die Schwerkraft (das zeigten Experimente auf der Raumstation ISS) kommt es zur Entwurzelung, weil die Pflanze nicht »weiß«, wohin sie ihre Wurzeln ausstrecken soll, sie bekommt nicht ausreichend Haftung und wird vom lebenswichtigen Boden getrennt. Pflanzen können sich sogar an zurückliegende Infektionen und an schwierige Bedingungen in der Vergangenheit erinnern.[18]

Sind Pflanzen vielleicht sogar »intelligent«? Das meint jedenfalls der italienische Botaniker *Stefano Mancuso*.[19] Er hält die berührungsempfindlichen Gewächse für äußerst gelehrig. »Mimosen klappen ihre Blätter nicht bei jeder beliebigen Berührung zusammen, sie sind in der Lage, zwischen gefährlichen und ungefährlichen Reizen zu unterscheiden«, erklärt *Mancuso*. »Und sie können aus Erfahrungen lernen.« Den Pflanzen »Intelligenz« zuzuschreiben, erscheint vielleicht etwas zu hoch gegriffen. Doch was ist überhaupt Intelligenz? Etymologisch kommt der Begriff Intelligenz vom Lateinischen »intelligentia« (von »inter«=zwischen und »legere«=lesen, wählen). Manche meinen, Intelligenz sei allein dem Menschen vorbehalten. Andererseits gibt es Berichte, nach denen Tiere – von Orang-Utans über die schlauen Raben bis zu den Tintenfischen – Eigenschaften aufweisen, die sich durchaus als »intelligent« bezeichnen lassen. Aber bei Pflanzen? *William Stern*, der »Erfinder« des Intelligenz-Quotienten, beschrieb in der Mitte des letzten Jahrhunderts Intelligenz als Fähigkeit des Individuums, sein Denken bewusst auf neue Forderungen einzustellen, als die allgemeine geistige

Anpassungsfähigkeit an neue Aufgaben und Bedingungen der Lebens.[20]

Die Akazie

Wenn wir diese »Definition« den folgenden Beobachtungen zugrunde legen, dann lässt sich auch zumindest bei einigen Pflanzen Intelligenz feststellen. Als besonders »schlau« gilt die Akazie. Ihre »Intelligenz« ist wissenschaftlich relativ gut untersucht.

Sie zeigt sich auf zweierlei Weise:

- *Schutz vor Giraffen*

Akazien sind die typischen Bäume des afrikanischen Buschs. Es gibt etwa 62 verschiedene Arten, die sich allesamt durch eine bemerkenswerte Anpassungsfähigkeit an ihre jeweilige, meist sehr karge und trockene Umgebung auszeichnen. Da sind zunächst als prägendes Merkmal ihre Dornen. Einige Akazien haben Dornen, die sehr lang und gerade sind, andere besitzen die Form von Widerhaken. Die Dornen dienen vor allem der Abwehr gegen Giraffen und Antilopen, die sich gern von den Blättern und Früchten der Akazien ernähren. Um sich vor den Dornen zu schützen, haben die Giraffen ihrerseits einen Schutzmechanismus entwickelt: eine dicke Haut am Maul und eine bis zu 50 cm lange Zunge, mit der sie trotz der Dornen an die Blätter heran kommen können. Die Dornen können also die Akazie nicht vollkommen vor dem Abfressen ihrer Blätter und Früchte schützen,

Also haben die Akazien einen zweiten Trick »erfunden«, um sich vor dem Gefressenwerden zu schützen. Sobald eine Giraffe oder Antilope an ihr zu knabbern beginnt, erhöht der Baum drastisch den Gerbstoffanteil der Blätter (Tanninkonzentration). In hohen Dosen können diese Tannine selbst für große Tiere tödlich wirken. Doch meistens merken die Antilopen oder Giraffen die Gefahr und lassen die Akazie in Ruhe. Damit die Tiere nun aber nicht zu den Nachbarbäumen wandern, um sich dort satt zu fressen, verbreitet die angefressene Akazie einen Botenstoff, das »Ethylen«. Dieses für Menschen geruchfreie Gas kann etwa 45 Meter weit durch die Luft verbreitet werden und warnt die Nachbar-Akazien. Diese reagieren sofort. Wenn sie das Gas »riechen«, beginnen sie mit der Produktion des Tannin. Wollen sich jetzt Giraffen oder Antilopen an ihnen gütlich tun, wenden sie sich rasch wieder ab, da sie die Gefahr wittern oder schmecken. Es sei denn, die Giraffen haben dieses Manöver schon durchschaut. Dafür haben sie eine neue Strategie: sie stellen sich gegen die Windrichtung, da schmecken die Blätter noch gut und sie können eine Zeit lang in Ruhe fressen, bis die betroffene Akazie das Tannin in die Blätter schickt und das Spielchen von neuem beginnt (s.o.).

- *Ameisen als Schutztruppe*

Doch es gibt noch andere, kleinere Tiere, Käfer und Insekten. Ihnen können die Dornen nichts anhaben, weil sie sich zwischen ihnen bewegen und so ungehindert die Blätter fressen können. Aber auch dagegen wissen sich die Akazien zu helfen. Sie beherbergen eine sehr angriffslustige Ameisenart als »Schutztruppe«. Lässt sich ein Insekt auf der Akazie nieder und beginnt mit dem Fressen, so eilen sofort die Ameisen herbei. Um die Eindringlinge zu vertreiben, beißen sie in deren Schwachstellen: die ungeschützten Gelenke oder die Augen. Dabei sondern sie ein giftiges Sekret ab. Der so Verletzte wird dann ziemlich mühelos vom Baum geschubst.

Auch wenn eine Schling- oder Kletterpflanze versucht, zum Beispiel eine Bohne, mit ihren Ranken an einer Akazie emporzuwachsen, wird sie von den Ameisen angegriffen. Sie schlagen ihre Kiefer in das Gewebe der Ranke, bis die darin enthaltenen Leitungsbahnen zerstört sind. Dieser Teil kann von der Bohnenpflanze nicht mehr versorgt werden, er stirbt und fällt ab. Die Akazie duldet keine andere Pflanze um sich, die ihr später vielleicht einmal das Licht streitig machen könnte.

Die Akazie »bedankt« sich bei den Ameisen für diese Verteidigungsmaßnahmen mit einer Gegenleistung – allerdings wiederum nicht völlig uneigennützig. Die Dornen der Akazien sind hohl und bieten den Ameisen einen sicheren, gut klimatisierten Aufenthaltsort, in dem sie unter besten Bedingungen ihren Nachwuchs aufziehen können. Die Akazie sorgt aber nicht nur für Unterkunft, sondern sogar auch noch für Essen und Trinken. An ihren Blattspitzen sondert sie kleine goldbraune Futterkörnchen ab, die von den Ameisen liebend gern geerntet werden, auch weil dies eine geeignete Nahrung für ihren Nachwuchs ist. An den Blattstielen der Akazie sind kleine, ovale Löcher, die mit einem Rand versehen sind, so dass sie fast wie kleine Brunnen aussehen. Aus ihnen fließt beständig Nektarflüssigkeit. Begierig trinken die Ameisen davon.

Und jetzt kommt der Trick der Akazie. Um sicher zu gehen, dass die Ameisen sie nicht verlassen, enthält ihr Nektar einen Stoff (das Enzym Chitinase), der eine besondere Wirkung auf die Verdauung der Ameisen hat. Die können, nachdem sie das erste Mal davon getrunken haben, keinen normalen Zucker mehr verdauen. Doch der kommt fast überall in der Natur vor, nur nicht im Nektar der Akazie. Um nicht zu verhungern, müssen die Ameisen also den Nektar der Akazie trinken. Sie sind in gewisser Weise von der Pflanze abhängig geworden. Andererseits werden sie gut versorgt und leiden keinen Mangel. Wenn sie die Akazie verteidigen, schützen sie also gleichermaßen ihren Wohnplatz, ihren Nachwuchs und ihre Futterquelle. Die

Akazie hat sich auf diese Weise ein außergewöhnlich umfassendes Verteidigungssystem zugelegt.[21]

Ist das nicht ein Zeichen von »Intelligenz«?

Faszination Berg

Noch ein drittes Beispiel möchte ich nennen, das mich selbst im Lauf meines Lebens immer wieder in Staunen und Verwunderung versetzt hat – das Erleben der Alpen. Von ihren hohen schneebedeckten Gipfeln geht für viele eine eigenartige Faszination aus. Im Berg hebt sich die Erde dem Himmel entgegen. Nach alter indischer Weisheit steigen Götter, wenn sie zur Erde kommen, nie tiefer herab als bis zum Berggipfel. Die in die Wolken hineinragende Bergspitze ist darum bevorzugter Wohnsitz der Götter. Im alten Griechenland wurde der Olymp (2.918 m) als Sitz der Götter angesehen. Vor Jahren habe ich den Olymp bestiegen, traf dort allerdings weder den Göttervater Zeus noch einen von den anderen dort angeblich wohnenden elf Göttern, sondern nur zwei schwäbische Bergsteiger.

Der Heiligste aller heiligen Berge ist der Kailash im Transhimalaya (6.638 m, Tibet, heute Volksrepublik China). Er wurde noch nie bestiegen, nicht einmal von *Reinhold Messner*. »Nur wer frei von jeglicher Sünde ist, könnte das schaffen«, heißt es in Tibet. Alles andere käme einer Gotteslästerung gleich. Das gilt nicht nur für Buddhisten: Vier Religionen handeln den Kailash als heiligsten Berg. Andere heilige Berge sind der Fuji (3.776 m), der Kilimandscharo (5.895 m), der Uluru, eher bekannt als Ayers Rock (863 m, Australien). Auch der Gamskogel (2.813 m) im Ötztal/Tirol könnte dazu gehören. Er soll einmal ein Dreitausender gewesen sein – das behaupten zumindest die britischen Raketenforscher *Mark Hempsell* und *Alan Bond*. Gemäß ihrer Computersimulation dürfte ein 3123 v. Chr. einfallender Asteroid »den Gipfel des Gamskogels durchschlagen« und auch den Bergsturz von Köfels provoziert haben, der den Geologen bis heute Kopfzerbrechen bereitet. Hatte der Zorn Gottes den Berg gestreift?[22]

Der Theologe *Gotthard Fuchs* weist darauf hin, dass Mystiker gern das Bild vom Bergsteigen verwenden. *Gregor von Nyssa* (335/340–394) beschrieb den »Aufstieg zu Gott« in Bildern der biblischen Mose-Geschichte. Schritt für Schritt hinauf zum Sinai-Berg der Erleuchtung – und dann wieder hinunter in die Niederungen des Alltags. *Johannes vom Kreuz* (1542–1591) liebte, karmelitischer Spiritualität entsprechend, das »Empor zum Karmelberg«, dem Ort der österlichen Verklärung und Verwandlung. Beim Weg dorthin gelte es, alles zurückzulassen, was nicht mit Gott verbunden ist. Derart ist der Mensch dann ganz absichtslos und wirklich frei. Er lebt im Sein und nicht im Haben. Dann sieht er die Welt in ihrer Schönheit als Gottes Schöpfung – und Gott in allen Dingen.[23]

Doch auch für einen halbwegs aufgeklärten Mitteleuropäer besitzen die Berge Symbol-Charakter. Je größer und gewaltiger der Berg ist, desto anspruchsvoller wird es, sich ihm zu nähern und ihn zu besteigen. Wer es dennoch versucht, begibt sich in Gefahr. Je höher und je steiler der Gipfel ist, desto mehr Kraft und Ausdauer verlangt es, ihn zu erreichen; je zackiger und zerklüfteter der Grat, desto größere Vorsicht und Umsicht sind geboten. Der mühsame und gefahrvolle Aufstieg wird zum Gleichnis für den Lebensweg des Menschen. Für seine Neugier, das Unentdeckte zu entdecken. Für seinen Drang, Neuland zu betreten. Für die Versuchung, die eigenen Grenzen zu überschreiten und ins Unermessliche hineinzustoßen. Für sein Streben, nach oben zu kommen und für die vielfachen Hindernisse und Widrigkeiten, die sich ihm dabei entgegenstellen. Für die ständige Bedrohung, vom Wege abzukommen, sich zu verirren, abzustürzen.

Von keinem anderen Berg in den Alpen geht eine derart starke Faszinationskraft aus wie vom Matterhorn (4.478 m). Der Berg ist zu einem Wallfahrtsort des modernen Tourismus geworden. Wer Zermatt besucht und Glück mit dem Wetter hat, kann sich der geradezu magischen Anziehungskraft kaum entziehen, die von diesem einzigartigen Berg ausgeht. Aus allen Teilen der Erde strömen Menschen zusammen. Sie haben nur ein Ziel: Diese majestätisch sich auftürmende Pyramide zu bewundern und sich von ihrer Schönheit und Erhabenheit packen und berauschen zu lassen.

Ich gestehe: Auch ich war in jüngeren Jahren dem Bann dieses Berges verfallen. Meine Bewunderung für die faszinierende Pyramide des Matterhorns wurde noch stärker und nachhaltiger, als ich mich etwas mit der Geologie des Gebietes rund um Zermatt befasste. Die Spitze des Matterhorns (wie einige andere Walliser Berge – die Dent Blanche und das Weisshorn z.B.) besteht aus afrikanischen Gesteinen und Meeresablagerungen und gehört zur afrikanischen Kontinentalplatte. Das nur etwa 3 km Luftlinie entfernte Breithorn und der etwas weiter entfernte Dom gehören hingegen zur eurasischen Platte.

Vor 100 Millionen Jahren lag zwischen der eurasischen und der afrikanischen Platte die so genannte Tethys – das Urmeer. Am Boden dieses Meeres waren Vulkane tätig, die den Meeresboden neben den Meeressedimenten mit vulkanischen Gesteinen deckten. Im Zuge der Plattenwanderung näherte sich die afrikanische Platte quer durch diesen Ozean auf die eurasische Platte zu und schob gleichzeitig Sedimente und Vulkangesteine vom Meeresgrund vor sich her. Beim Aufeinanderprallen der beiden Platte vor 45 Millionen Jahren schob sich die afrikanische Platte samt Meeresbodengesteinen über den Rand der eurasischen Platte hinauf. Dieser so verdickte Rand der eurasischen Platte wurde durch den Druck gleichzeitig zusammengeschoben und aufgetürmt.

Der »Kitt«, der den Fels zusammenhält, sind die Permafrost-Schichten, die oberhalb von rund 2.400 m angesiedelt sind. Das Matterhorn und andere hohe Berge sind eigentlich »umgekehrte Eiszapfen«, sagt der Geologe *Wilfried Haeberli*. »Sie sind bis tief in ihr Innerstes gefroren. Besonders an Steilhängen, an denen auch im Winter kein Schnee hängen bleibt.« Der Permafrost wirkt im Fels wie Leim und hält zudem das Wasser ab. Wenn er schmilzt und Wasser eindringen kann, drohen Steinschlag, Felsstürze und Murenabgänge. So gab es auf der schweizerischen Seite im Hitzesommer 2003 einen Felssturz am Hörnligrat. Der Grat musste für Bergsteiger mehrere Wochen lang gesperrt werden.[24]

Wer sich mit bloßem Hingucken oder geologischem Wissen begnügt, dem wird sich das Geheimnis dieses Berges nicht erschließen. Der kurze Blick, das flinke Erhaschen einer Ansicht reichen dazu nicht. Wer etwas von diesem Berg wissen will, muss ihn gründlich gesehen und angeschaut haben. Uralte Volksweisheit versteht »Sehen« als »Wissen«. Das deutsche Wort »wissen« ist abgeleitet aus einer (indogermanischen) Wortwurzel »ueid« und verwandt mit »idein«, dem griechischen Wort für »sehen«. Auch das lateinische »vidi« (ich sah) entstammt dieser Wurzel. Wer etwas weiß, hat zuvor etwas gesehen. Wirkliches »Sehen«, das diese Bezeichnung verdient, meint kein flüchtiges Hinschauen, kein eilfertiges Zur-Kenntnis-nehmen, sondern ein verweilendes Betrachten, ein beharrliches Sich-erschließen, ein hingebungsvolles Schauen, ein denkendes Wahrnehmen. Wer so »sieht«, lässt sich nicht einfach passiv beeindrucken; er ist vielmehr selbst aktiv, er *will* sehen. Er lässt sich nicht von Instinkten treiben oder von Wünschen verleiten. Der Sehende will das Gesehene er-fahren und es so »verorten«. Er will dem Erfahrenen den gebührenden Platz zuweisen. Sehen ist auf Dauer angelegt.

Um Stimmung und Ausstrahlungskraft der Berge zu erleben, muss man sie zu allen Tages- und Jahreszeiten betrachten – im Frühjahr, im Sommer, im Herbst und im Winter, bei Sonnenaufgang und Sonnenuntergang, im fahlen Hell-Dunkel einer Vollmondnacht, an trüben Regentagen, wenn Wolkenfetzen um sie jagen, im Winterschnee und im Gewittersturm. Gerade die vielen Gesichter der Berge lassen erstaunen und verwundern – heiter und einladend, drohend und abweisend, glatt und zerklüftet, mild und vertraulich, rätselhaft und Schrecken einjagend, heute so und morgen ganz anders, eben noch toter und jetzt scheinbar lebender Stein, grau und eintönig, bunt und vielschichtig, glühend rot im Licht der aufgehenden Sonne, aschfahl im Schein des Mondes. Berge können Menschen süchtig machen, zumindest sehn-süchtig. Sie sind anziehend und abschreckend, fesselnd und bedrohlich – tremendum et fascinosum.

Berge können zum Gleichnis werden für das Unbegreifliche und Rätselhafte, für das Unnahbare und Unfassliche, für das Unbedingte und Unverfügbare, für das Große und Erhabene. Auch wenn sie bei flüchtigem Hinschauen und nur oberflächlicher Betrachtung wie unwandelbar ewig und tot erscheinen, atmen und pulsieren sie doch voller Leben. Sie wachsen und zerfallen in Jahrhunderten, Jahrtausenden, Jahrmillionen. Aber sie sind kein immer gleiches, unveränderliches und unbewegtes

Einerlei. Täglich, stündlich, von Minute zu Minute sammeln sie unsichtbare Kräfte aus ihrer Umgebung: die Kräfte der Luft, des Wassers, der Elektrizität und des Magnetismus; durch sie entstehen Wolken und Winde, Gewitter und Regen, Wasserfälle und Flüsse. Sie füllen ihre Umgebung mit tätigem Leben und bieten unzähligen Wesen Nahrung und Schutz.

So wollen, *so* müssen die Berge angeschaut werden, damit sie ihr Geheimnis offenbaren. Nur dem *so* sehenden Auge werden sie ihr Eigentliches, ihre Wahrheit und Schönheit erschließen. Ich kann ein Wort eines passionierten Bergsteigers, des von mir hochgeschätzten früheren Bischofs von Innsbruck, *Reinhold Stecher*, nur bestätigen: »Viele Wege führen zu Gott, einer geht über die Berge.«

Geheimnis Kosmos

Gehen wir weiter von den hohen Bergen zum Allerkleinsten, was es auf dieser Erde gibt – in den Bereich des Mikrokosmos! Genauer zu den Atomen.

Mikrokosmos

Der griechische Philosoph *Leukipp* (um 450–370 v. Chr.) und sein Schüler *Demokrit* (460–371 v. Chr.) waren die ersten, die sich die Materie aus unteilbaren Grundbausteinen aufgebaut vorstellten. Das griechische Wort »átomos« heißt »unteilbar«. Die Atome sollen nach Meinung der beiden Philosophen bereits die Eigenschaften der aus ihnen aufgebauten Materie aufweisen. Andere Philosophen wie *Platon* (428–348 v. Chr.) und *Aristoteles* (384–322 v. Chr.) lehnten diese Vorstellung jedoch entschieden ab. Der Hauptgrund dafür war die Ablehnung eines Vakuums, eines leeren Raumes, in dem sich nach *Leukipp* und *Demokrit* die Atome bewegen sollten.

Erst über 2.000 Jahre später konnte der britische Physiker *Joseph J. Thomson* (1856–1940) nachweisen, dass Atome keineswegs unteilbar sind. In seinen Experimenten zeigte er, dass sich aus Atomen kleinere, elektrisch geladene Teilchen herausschlagen lassen – die Elektronen. *Thomson* stellte sich Atome als winzige, elastische Kügelchen vor, in denen Masse und positive elektrische Ladung gleichmäßig verteilt sind. Eingebettet in diese Masse schwirren, wie Rosinen in einem Kuchenteig, die punktförmigen, elektrisch negativen Elektronen.

Zum Ende des 19. Jahrhunderts gelang dem neuseeländischen Physiker *Ernest Rutherford* (1871–1937) der Nachweis, dass Atome aus einem Atomkern und einer Elektronenhülle bestehen. Der Kern hat einen Durchmesser von etwa einem Zehntausendstel des gesamten Atomdurchmessers, enthält jedoch über 99,9 % der Atommasse. Um den positiv geladenen Kern »kreisen« gemäß *Rutherfords* Modell negativ geladene Elektronen wie Planeten um die Sonne. Sie bilden eine Art Elektronenwolke mit viel Leerräumen dazwischen und unscharfem Rand. Da sie nicht lokalisiert, also »fest ansässig« sind, befinden sie sich sozusagen mit verschieden hoher Wahrscheinlichkeit nahezu »gleichzeitig« in der ganzen Atomhülle, also den restlichen 99,9 % des vom Atom eingenommenen Raumes. Jeder harte Ziegelstein, der eine kräftige Beule hinterlässt, wenn er uns auf den Kopf fällt, besteht in Wirklichkeit aus einem fast masseleeren Raum. Was wir mit der Hand berühren, sind nicht die »Atome« direkt, sondern die elektromagnetischen Felder, die diese Atome umgeben. »Ihr Hintern auf dem Stuhl berührt nicht wirklich den Stuhl. Sie schweben immer leicht darüber, denn was Sie spüren, ist eine elektromagnetische Kraft, die wiederum Ihre Elektronen wegdrücken. Dadurch berühren Sie niemals einen Gegenstand.«[25] Die Bemühungen, diesen komplizierten inneren Aufbau zu verstehen und zu erklären, führten 1925 zur Quantenmechanik. Die Atommodelle werden letztlich nur noch unanschaulich als mathematische Aussagen formuliert. Auf die Frage, wie man sich denn ein Atom vorzustellen habe, soll *Werner Heisenberg*, einer der Entdecker und »Schöpfer« der Quantenmechanik, geantwortet haben: »Versuchen Sie es gar nicht erst!« Mit dieser Meinung steht er nicht allein. Seinem amerikanischen Kollegen und Nobelpreisträger *Richard Feyman* (1918–1988) wird die Aussage zugeschrieben: »Ich glaube mit Sicherheit behaupten zu können, dass niemand die Quantenmechanik versteht«.

Makrokosmos

Machen wir jetzt einen riesigen Sprung – von der Welt des ganz Kleinen in die Welt des ganz Großen, vom Mikrokosmos in den Makrokosmos. Ich möchte dafür ein technisch herausragendes, wenn auch für die breite Öffentlichkeit weniger spektakuläres Beispiel nehmen: den Flug der Raumsonde Voyager 1, die am 5. September 1977, von Cape Canaveral gestartet wurde. Sie flog zunächst die Planeten Jupiter und Saturn an und trat im August 2012 als erstes von Menschen erzeugtes Objekt in den interstellaren Raum ein. Mit diesem Begriff (von lateinisch: inter stellas ›zwischen den Sternen‹) ist das sternferne Weltraumgebiet innerhalb einer Galaxie gemeint. In unserem Fall ist es die Milchstraße. Mit einem Teleskop lässt sich erkennen, dass das milchige Band tatsächlich aus unzähligen Sternen besteht. Unsere Heimat-Galaxie hat einen Durchmesser von etwa 100.000 Lichtjahren. Das Licht braucht also 100.000 Jahre, um von einem Ende der Milchstraße zum anderen zu gelangen.

Auch der Abstand von Stern zu Stern innerhalb der Milchstraße hat unvorstellbare Dimensionen. Wenn ein Stern so groß wäre wie ein Fußball, dann wäre der nächste Stern so weit weg, wie New York von uns entfernt ist. Die Milchstraße – ein fast leerer Raum. Oder: Man stelle sich die Milchstraße mit ihren 250 Milliarden ± 150 Milliarden Sternen im Maßstab 1:10^{17} verkleinert vor. Angenommen: In diesem gedachten Raum von 10 km Durchmesser und einer Höhe von etwa 1 km im Mittel herrscht ein Schneetreiben. Jede Schneeflocke entspricht einem Stern. Dann gibt es pro Kubikmeter etwa drei Schneeflocken. Die Sonne hätte in diesem Maßstab einen Durchmesser von etwa 10 Millionstel Millimeter, wäre also kleiner als ein Virus.[26]

Voyager 1 befindet sich noch immer im »Weltraumgebiet« Milchstraße, hat aber unser Sonnensystem verlassen. 2026 wird die Sonde eine Distanz zur Sonne von einem Lichttag (=25.902.100.000 km) überschreiten. Zum Vergleich: Die Erde ist von der Sonne 8,3 Lichtminuten (=149.296.644 km) entfernt. Am 14. Februar 1990 machte die Raumsonde aus einer Entfernung von rund 6,4 Milliarden km (=5,93 Lichtminuten) einige Fotos von der Erde. Normalerweise sind ihre verschiedenen Kameras nach vorn (in Flugrichtung) ausgerichtet. Der US-amerikanische Astronom, Astrophysiker und Sachbuchautor *Carl Sagan* (1934–1996) schlug damals vor, die Kameras Richtung Erde umzudrehen und sie aus dieser großen Entfernung die Erde fotografieren zu lassen. Dabei entstand ein Foto, auf dem die Erde nur noch als winziger, blassblauer Punkt erscheint und kaum erkennbar ist. Das Foto ist inzwischen berühmt geworden unter dem Namen »Pale Blue Dot«-Foto[27] (»blassblauer Punkt«-Foto).

Das Foto versetzte die Wissenschaftler in Staunen: »Voyager zeigte die Erde nur als Lichtfleck im riesigen Sonnensystem, das wiederum Teil der Milchstraße ist und diese schließlich nur eine von unzähligen Galaxien im Universum«, meinte *Edward C. Stone,* Projektwissenschaftler für die Voyager-Mission der NASA. Der winzige Lichtpunkt »Erde« befand sich auf der Aufnahme in einem Strahl von Sonnenlicht, das von dem Kameraobjektiv gestreut worden war. »Ich war gefesselt davon, wie die Erde aussah in diesem Sonnenstrahl«, erinnert er sich. »Und es hat mich nachdenklich gemacht, wie verwundbar doch unser kleiner Planet ist.«

Carl Sagan schrieb in seinem 1994 erschienenen Buch »*Pale Blue Dot*« (im Deutschen: »Blauer Punkt im All«) über diese Aufnahme:

> »Schau auf diesen Punkt. Das ist hier. Das ist unsere Heimat. Da sind wir. Auf diesem Punkt befindet sich jeder, den Du liebst, jeder den Du kennst, jeder, von dem Du jemals gehört hast, jeder Mensch, der jemals gelebt hat, lebte auf diesem Punkt. Die Gesamtheit unserer Freude, unseres Leidens, tausende von Religionen, Ideologien und Wirtschaftssystemen, jeder Jäger und Sammler, jeder Held und Hasenfuß, jeder Schöpfer und Vernichter von Zivilisation, jeder König und Bauer, jedes junge Liebespaar, jede Mutter und jeder Vater, jedes hoffnungsvolle Kind, jeder Erfinder und Entdecker, jeder Moralprediger und jeder korrupte Politiker, jeder Superstar, jeder Oberste Führer, jeder Heilige und jeder Sünder in der Geschichte der Menschheit lebte dort – auf diesem in einem Sonnenstrahl schwebenden Staubkörnchen.
>
> Die Erde ist eine winzig kleine Bühne in der kosmischen Arena. Bedenke die Ströme aus Blut, vergossen von Generälen und Herrschern, damit sie, ehr- und ruhmreich, kurzfristig Herr eines kleinen Bruchteils dieses Punktes werden. Bedenke die endlosen Grausamkeiten, die den Bewohnern einer Seite von den kaum zu unterscheidenden Bewohnern einer anderen Seite dieses Pixels angetan wurden, wie zahlreich ihre Missverständnisse sind, wie eifrig sie sich gegenseitig töten, wie glühend ihr Hass sein kann. Unsere Einstellung, unsere Selbstüberschätzung, die Wahnvorstellung, dass wir in diesem Universum einen besonderen Platz einnehmen, all das wird von diesem blassen Lichtpünktchen in Frage gestellt.

Unser Planet ist ein einsamer Fleck in der ihn umgebenden kosmischen Dunkelheit. Und in unserer Verdunkelung finden wir keinerlei Hinweis, dass es in dieser unermesslichen Weite irgendwo eine Hilfe gibt, die uns vor uns selbst beschützt.
Die Erde ist bisher der einzige Planet, von dem wir wissen, dass er Leben beherbergt. Es gibt keinen anderen Ort, zumindest in naher Zukunft, wo wir Zuflucht finden könnten. Vielleicht kurzfristig besuchen, aber nicht dauerhaft bewohnen. Ob es Dir gefällt oder nicht, die Erde ist im Moment unser einzig möglicher Standort.
Man sagt, dass die Erfahrung der Astronomie bescheiden macht und den Charakter stärkt. Vielleicht gibt es keine bessere Demonstration für den Wahnwitz der menschlichen Einbildung, als dieses weit entfernte Bild unserer winzigen Welt. Für mich unterstreicht es unsere Verantwortung, freundlicher miteinander umzugehen und diesen kleinen blauen Punkt zu schätzen und zu bewahren – das einzige Zuhause, das wir jemals hatten.«[28]

Die Astronomen können es kaum erwarten, bis *Voyager 1* die Milchstraße verlassen hat und Kurs auf die »Nachbar«-Galaxie, den Andromeda-Nebel, nimmt. Die Galaxie wird deswegen als »Nebel« bezeichnet, weil sie in klaren, dunklen Nächten als verschwommener schwacher Lichtfleck (»Nebel«) mit bloßem Auge auszumachen ist. Ob die Sonde diesen »Nebel« erreichen wird und ob sie dann noch Signale senden kann, ist höchst unwahrscheinlich. Und erst recht, ob es dann noch Menschen auf dieser Erde geben wird. Denn die Signale würden rund 2,5 Millionen Lichtjahre benötigen, um zu uns zu gelangen. Ein Lichtjahr sind 9,460 Billionen km. Um die Entfernung in Kilometer zu erhalten, muss man also 9,460 Billionen mit 2,5 Millionen multiplizieren. Es ergeben sich 23,65 Trillionen km oder 23.650.000.000.000.000.000 km. Das übersteigt bei weitem unsere Vorstellungskraft. Erst recht, wenn Voyager 1 bis ans »Ende der Welt« gelangen soll, ans Ende dessen, was wir mit Teleskopen im Weltall sehen und irgendwie messen können.

Das wären Milliarden Lichtjahre. Und das Universum dehnt sich beständig weiter aus, jedenfalls nach dem heutigen Stand der Astrophysik ... Machen wir hier lieber Schluss mit unseren Spekulationen, sonst wird uns schwindelig.

Fragen, die unsere Vernunft übersteigen

»In einer sternklaren Nacht spüre ich manchmal etwas wie eine Resonanz zwischen unserem begrenzten Wissen über die Dynamik des Universums und einer Ahnung von Gnade für die ganze Welt. Selbst Zufall und Gesetzmäßigkeiten in der Natur sind dann nicht einfach selbstverständlich, sondern ein Grund zur Dankbarkeit«, bekennt der Astrophysiker *Arnold Benz*.[29] Den Nachthimmel zu betrachten und im gleichen Moment zu wissen, dass manche dieser Sterne Millionen Lichtjahre entfernt sind, bringt uns in ein fast ungläubiges Staunen. Der Mond ist uns am nächsten. Er ist »nur« 384.000 km entfernt, das Licht mit einer Geschwindigkeit von rund 300.000 km pro Sekunde braucht 1,3 Sekunden, um von ihm zu uns zu gelangen. Die Sonne ist 150 Millionen km entfernt, da braucht das Licht schon länger: 8,3 Minuten. Zur nächsten Galaxie, der Andromedagalaxie, sind es rund 2,5 Millionen Lichtjahre oder 23.650.000.000.000.000.000 km. Da wird deutlich, warum sich Kilometerangaben bei galaktischen Entfernungen nicht bewähren.

Das heißt aber auch: Jeder Blick an den Himmel ist ein Blick in die Vergangenheit: So wie wir die Objekte jetzt, hier und heute, sehen, *waren* sie: der Mond *war* so vor einer guten Sekunde, die Sonne *war* so vor acht Minuten, die Planeten *waren* so vor einigen Stunden, die Sterne der Milchstraße *waren* so vor einigen Jahren, benachbarte Galaxien *waren* so vor Tausenden und Millionen von Jahren, die Quasare (die aktiven Kerne einer Galaxie, die im sichtbaren Bereich des Lichtes nahezu punktförmig wie ein Stern erscheinen) *waren* so vor Milliarden von Jahren. Vielleicht existieren manche Objekte schon gar nicht mehr, obwohl wir sie noch sehen können. Und anders herum: Vielleicht hat uns das Licht mancher Galaxien noch gar nicht erreicht, weil sie so weit entfernt sind, dass das Licht noch »unterwegs« ist.

Mikro- und Makrokosmos stellen uns vor Fragen, die unser Erkenntnisvermögen übersteigen und die wir letztlich nie beantworten können. Wir stoßen hier an ein »absolutes« Geheimnis. Die Dinge dieser Welt und des gesamten Kosmos könnten auch nicht sein. Sie existieren nicht notwendig. Wenn etwas nicht notwendig existiert, dann hat es seinen Existenzgrund in etwas anderem. So können ganze Ketten von Ursachen entstehen, die selber wieder eine Ursache haben, die eine Ursache hat, die eine Ursache hat ... usw. Ist es vorstellbar, dass diese Ursachenkette ins Unendliche weiterläuft, unbegrenzt, unendlich? Kann es etwas begrenzt Unbegrenztes, etwas endlich Unendliches geben? Sozusagen ein Perpetuum mobile? Irgendwann kann diese Ursachenkette nicht mehr durch etwas nicht notwendig Existierendes verlängert werden. Da muss »Etwas« stehen, das selbst nicht mehr verursacht, das notwendig ist. Was das ist, wissen wir nicht. Es ist der/die/das große Unbekannte. Wir können es nicht wissen. Wir können es nur ahnen oder vermuten. Es *könnte* »Gott« sein. Wenn »Gott« existiert, dann muss er/sie/es notwendig existieren, sonst wäre »er« oder »sie« oder »es« nicht Gott. Was muss das für ein Wesen sein, das dieses Universum hervorgebracht hat! Hier bleiben nur maßloses Staunen und Verwundern, ehrfürchtiges Verstummen und Schweigen.

Der Urknall und andere Rätsel

Mikro- und Makrokosmos sind nicht von selbst entstanden. Irgendwann hatten sie einen Anfang. Dass die Welt in 6 Tagen entstanden ist, glauben heute nur noch ein paar Kreationisten. Selbst der Papst in Rom tut das nicht (mehr). *Pius* XII. sagte 1951 vor den Mitgliedern der Päpstlichen Akademie der Wissenschaften: »Es scheint, dass es der modernen Wissenschaft gelungen ist, durch geniales Zurückgreifen um Millionen von Jahrhunderten irgendwie Zeuge zu sein jenes am Uranfang stehenden ›Es werde Licht‹, als die Materie ins Dasein trat und ein Meer von Licht und Strahlung aus ihr hervorbrach.«[30] Das klingt noch reichlich verklausuliert. Aber immerhin. Spätere Päpste haben dieses »geniale Zurückgreifen« immer deutlicher und unmissverständlicher akzeptiert. Damit wollen wir uns jetzt etwas näher befassen.

Doch bevor wir dies tun, sollten wir uns verdeutlichen, was Naturwissenschaften grundsätzlich überhaupt leisten können.

Leistungsvermögen der Naturwissenschaften

Aufgrund unseres Erkenntnisvermögens können sich die Naturwissenschaften – die Ingenieurwissenschaften schließe ich gleich mit ein – lediglich mit den Objekten der Vorstellung und den zwischen ihnen bestehenden Relationen befassen. Aus diesem Denk-Käfig kann sich auch der intelligenteste Wissenschaftler oder Ingenieur nicht befreien.

Daher ist die strikte Unterscheidung zwischen den dem menschlichen Erkenntnisvermögen prinzipiell verschlossenen und unzugänglichen »eigentlichen« Naturgesetzen und den »wissenschaftlichen« Naturgesetzen von großer Bedeutung. Leider werden beide oft genug nicht klar voneinander getrennt – mit ärgerlichen Folgen für die Diskussion und Kommunikation.

- Die eigentlichen Naturgesetze: Bei ihnen handelt es sich um die allen physikalischen, chemischen und biologischen Vorgängen in der Natur zugrunde liegenden Gesetzmäßigkeiten, denen Materie und Energie seit Anbeginn unseres Raum-Zeit-Kosmos folgen. Ohne, dass es eines Wissenschaftlers bedurfte, »wussten« Materie und Energie schon immer, wie sie sich zu »verhalten« haben.
- Die wissenschaftlichen Naturgesetze: Sie sind Menschenwerk. Sie beschreiben mit immer ausgefeilteren mathematischen Methoden physikalische, chemische und biologische Modelle, die eine sukzessiv verbesserte Approximation mathematischer Berechnungen bzw. Vorhersagen an physikalische Messungen bzw. Beobachtungen erlauben. Ihnen verdanken wir letztlich den technischen Fortschritt der letzten Jahrhunderte.

Was können Naturwissenschaften daher grundsätzlich leisten? Sie können – »lediglich« – Denkmodelle, d.h. Vorstellungen und Objekte, entwickeln, die die beobachteten bzw. gemessenen Naturphänomene immer präziser beschreiben und berechenbar machen. Mehr nicht! Die Mathematik stellt die erforderlichen Werkzeuge zur effizienten Beschreibung und Berechnung bereit.

Beispielsweise können wir dank *Isaac Newton* (1643–1727) und später dank *Albert Einstein* (1879–1955) die Wirkung der Gravitation immer exakter berechnen und darüber hinaus selbst Vorhersagen über bisher noch nicht Beobachtetes treffen. *Einsteins* spezielle bzw. allgemeine Relativitätstheorien erweitern und präzisieren Newtons Mechanik und schließen sie als Spezialfall ein.[31] »Allerdings zeigt seine Theorie definitiv Verwundbarkeit. Sie kann die Schwerkraft in einem Schwarzen Loch nicht völlig erklären, und irgendwann werden wir uns zu einer umfassenderen Theorie der Gravitation jenseits von Einsteins Theorie bewegen müssen, die erklärt, was ein Schwarzes Loch ist« (*Andrea Ghez*[32]).

Kein Mensch wird jedoch jemals in der Lage sein, »hinter« die Gravitation zu schauen, sie in ihrem Wesen »an sich« zu erfassen, also die eigentlichen Naturgesetze zu erkennen. Massen, Kräfte, Felder, gekrümmte Raum-Zeit, dunkle Materie, dunkle Energie, um beim Beispiel der Gravitation zu bleiben, sind und bleiben Denkobjekte unseres Gehirns, nichts weiter. Neue, verbesserte Modelle machen Vorgänger-Modelle obsolet, das ist der Gang der Dinge in den Naturwissenschaften. Die pointierte Aussage trifft den Nagel auf den Kopf: »Der aktuelle Stand der Wissenschaft ist nur der derzeitig gültige Irrtum«. Grundsätzlich werden uns diese Wissenschaften immer nur vordergründige, näherungsweise Beschreibungen, jedoch niemals das Wesen der Dinge an sich selbst, also die eigentlichen Naturgesetze liefern können, auch wenn ihr immenser praktischer Nutzen für den technischen Fortschritt unbestritten ist.

Mit der Quantentheorie glaubten manche Physiker endgültig den Beweis erbracht zu haben, dass »Gott würfelt«, d. h. dass das Naturprinzip der Kausalität im subatomaren Bereich der Quanten aufgehoben sei. *Albert Einstein* gehörte nicht dazu. In einem Brief an den Physiker *Max Born* schrieb er: »Die Quantenmechanik ist sehr achtunggebietend. Aber eine innere Stimme sagt mir, daß das doch nicht der wahre Jakob ist. Die Theorie liefert viel, aber dem Geheimnis des Alten bringt sie uns kaum näher. Jedenfalls bin ich überzeugt, daß der nicht würfelt.« Und in einem Brief an den mathematischen Physiker *Cornelius Lanczos* schrieb er: »Es scheint hart, dem Herrgott in die Karten zu gucken. Aber dass er würfelt und sich telepathischer Mittel bedient (wie es ihm von der gegenwärtigen Quantentheorie zugemutet wird), kann ich keinen Augenblick glauben«[33] Der dänische Physiker *Niels Bohr* (1985–1962), einer der Urväter der Quantentheorie, soll gesagt haben: »Es gibt keine Quantenwelt. Es gibt nur eine abstrakte, quantenphysikalische Beschreibung. Es ist falsch anzunehmen, die Aufgabe der Physik bestünde darin, das Wesen der Natur zu ergründen. Die Physik hat es mit dem zu tun, was wir über die Natur sagen können.«[34] Wenn sich die Quantentheorie praktischerweise der Methoden der Wahrscheinlichkeitsrechnung bedient, und damit präzise statistische Berechnungen im Bereich der Quantenwelt erzielt, so ist der Schluss dennoch unzulässig, die Natur verhalte sich zufällig, also nicht-kausal.

Geradezu kleingläubig erscheint angesichts dieser Einsichten die Befürchtung, die Wissenschaft könne »Gott auf die Spur kommen«, ihn korrigieren und sein »Wort«, die Bibel, widerlegen. Als ein prominentes von leider vielen Beispielen sei an dieser Stelle nur *Galileo Galilei* genannt und der hinlänglich bekannte Umgang der katholischen Kirche mit diesem genialen Wissenschaftler. Weil er unter anderem das kopernikanische – also heliozentrische – Weltbild lehrte und in seinem Werk »Dialogo«[35] vertrat, dass sich die Erde um die Sonne dreht (anders als von der Kirche gemäß Jos 10,12–13 gelehrt[36]), wurde er als Ketzer verurteilt und für den Rest seines Lebens (8 Jahre) unter Hausarrest gestellt. Erst 350 Jahre nach seinem Tod, im Jahr 1992, wurde er von Papst *Johannes Paul II.* rehabilitiert.

Leider gibt es andererseits oft genug hoch intelligente und verdiente Wissenschaftler, die so tief in ihrer Materie stecken, dass sie den Unterschied zwischen ihren Denkmodellen der wissenschaftlichen Naturgesetze und den wahren, eigentlichen Naturgesetzen zu vergessen scheinen. Sie sind sich des sie umgebenden Denk-Käfigs nicht bewusst und wähnen sich in der Lage, »Gott auf die Spur« kommen zu können. Das posthum veröffentlichte Buch »Kurze Antworten auf große Fragen« des großen britischen Physikers *Stephen Hawking* (1942–2018) liefert eine Reihe von erschreckenden Beispielen für derartige Irrtümer.[37]

Wenn wir also im Folgenden über die großen Rätsel und Geheimnisse des Kosmos nachdenken, sollten wir dabei stets im Blick behalten, worum es sich dabei handelt: um menschengemachte Denkmodelle bzw. wissenschaftliche Naturgesetze und mitnichten um die eigentlichen Naturgesetze.

»Urknall«

Das Universum ist nach den neuesten Berechnungen vor 13,819 Milliarden Jahren entstanden. Mit einem gewaltigen »Urknall«. Das ist jedenfalls die klassische und heute weithin anerkannte Theorie. Sie ergibt sich, wenn man die Entwicklung des expandierenden Universums zeitlich rückwärts bis zu dem Punkt betrachtet, an dem die Materiedichte unendlich wird. Das gesamte Universum zusammengepresst in einem unvorstellbar dichten »Etwas«. Dieser »Urknall« war aber keine Explosion in einem bestehenden Raum, zu einem bestimmten Zeitpunkt und aufgrund eines vorhandenen »Sprengstoffs«, der Materie. Vielmehr war er die gleichzeitige Entstehung von Materie, Raum und Zeit und damit auch der Kausalität. Das war etwas Einmaliges, eine »Singularität« – ein »Punkt«, außerhalb des Gültigkeitsbereichs der uns bekannten wissenschaftlichen Naturgesetze, über den hinaus wir keinerlei physikalische Aussagen treffen können. Zeit, Raum, Materie und Kausalität sind mit dem Urknall entstanden. Zeiten und »Stoffe« vor dem Urknall und Orte »außerhalb« des Universums sind physikalisch nicht definierbar. Daher »gibt« es in der Physik weder ein räumliches »Außerhalb« noch ein zeitliches »Davor« noch ein »Warum« als Ursache des Universums.[38]

Genau genommen beschreibt die Urknall-Theorie nicht die *Entstehung* des Universums, sondern nur seine *Entwicklung*. Sie setzt also zeitlich nach der Singularität ein. Wie es zu dem extrem heißen und dichten Anfangszustand kam, ist empirisch nicht begründbar. Der Naturwissenschaftler kann hier nicht mehr weiter fragen. Denn Fragen, die über den Bereich des empirisch Nachweisbaren hinausgehen, sind für ihn nicht beantwortbar. Das Darüber-hinaus-Gehende, das Transzendente, entzieht sich per definitionem den empirischen Wissenschaften. Physik, Chemie und Biologie können sich nur auf das Immanente beziehen, sie haben keine Messgeräte für Transzendenz. Sie müssen (und sollen!) schweigen angesichts der existentiellen Fragen der Menschen nach dem Woher und dem Wohin, nach dem Warum und dem Wozu. Der Philosoph *Ludwig Wittgenstein* hat einmal gesagt: »Wir fühlen, dass selbst, wenn alle ›möglichen‹ wissenschaftlichen Fragen beantwortet sind, unsere Lebensprobleme noch gar nicht berührt sind.«[39]

Der 2018 verstorbene britische Physiker *Stephen Hawking* meinte, die Frage über den Urknall hinaus sei so sinnlos wie die Frage, was nördlich des Nordpols sei. Andere Physiker wie *Richard Gott III* und *Li-Xin Li* von der Princeton University, New Jersey, fragen dessen ungeachtet sehr wohl über den Urknall hinaus und vertreten die Ansicht, dass das Universum »gewissermaßen seine eigene Mutter« sei. »Es kann einen Anfang haben ohne einen ersten Moment. Zu fragen, was der früheste Zeitpunkt ist, wäre wie die Frage nach dem östlichsten Punkt auf der Erde. Man kann immer weiter und weiter nach Osten um die Erde reisen – es gibt keinen östlichsten Punkt.«[40] Doch ein sich selbst schaffendes Universum erscheint auch nicht besonders plausibel.

Gibt es vielleicht gar nicht nur unser Weltall, sondern mehrere? Oder gar viele? Diese Theorie ist in den letzten Jahren entstanden: Man spricht dabei von einem »Multiversum«, in dem unser Universum nur eines von vielen ist. Das meinen jedenfalls Astronomen um *Alexander Kashlinsky* vom Goddard Space Flight Center der NASA in Greenbelt, Maryland (USA). Sie haben neue Daten gesammelt, die diese Theorie angeblich stärker stützen sollen als bisherige Messungen das konnten. Demnach könnten Paralleluniversen für eine mysteriöse »Dunkle Strömung« verantwortlich sein, die das Forscherteam gefunden hat.[41] Auch das ist nur eine bisher weder bestätigte noch falsifizierte Theorie. Und die Frage, was »davor« war, beantwortet sie auch nicht. Denn man kann ja wieder weiter fragen, woher diese »dunkle Strömung« kommt und was vor der Entstehung des »Multiversums« war. Und selbst wenn man das wüsste, käme sicher jemand mit der Frage, was denn davor war. Und immer so weiter …

Es bleibt noch die Big Crunch-Theorie. Nach ihr fällt das ganze Universum irgendwann wieder in sich zusammen. Genau wie beim hochgeworfenen Ball, der zur Erde zurückkommt, soll es auch bei der Ausbreitung des Universums einen »höchsten« Punkt geben, bei dem die Expansion aufhört und alles wieder rückwärts zusammendriftet. Nach einer bestimmten Zeit kommt sich alles wieder näher, die komplette Materie wird dann, so wie beim Urknall, wieder in einem Punkt vereint sein. Das wäre der *»Big Crunch«*, das »große Knirschen«. Ob danach mit oder ohne »Urknall« (Big Bang) alles wieder von vorn losgeht, sei dahingestellt.

Neuerdings behaupten einige Physiker, das Universum könnte aus »Nichts« hervorgebracht worden sein. Die Ursache dafür sind Quanten, winzigste energiegeladene Teilchen. Zu den Physikern, die das für plausibel halten, gehört *Lawrence Krauss* von der Staatlichen Universität von Arizona.[42] Aus Sicht der Quantenmechanik gibt es keinen leeren Raum. Selbst ein perfektes Vakuum enthält – laut *Krauss* – ein »kochendes Gebräu aus virtuellen Partikeln, die erscheinen und wieder verschwinden, aber so rasch, dass wir sie gar nicht direkt sehen können.« Aber was sind »virtuelle Partikel«? »Virtuell« bedeutet: entsprechend seiner Anlage als Möglichkeit vorhanden, die Möglichkeit zu etwas in sich begreifend; nicht echt, nicht in Wirklichkeit vorhanden, aber echt erscheinend. Ein empirisch nachweisbares Werden aus dem absoluten Nichts ist das jedenfalls nicht. »Wenn Raum und Zeit selbst aus einer Quantenfluktuation entstehen, dann kann man das, woraus sie entstehen, schon mit dem Namen ›Nichts‹ versehen«, meint dazu *Hermann Nicolai*, theoretischer Physiker am Max-Planck-Institut für Gravitationsphysik in Potsdam. »Solche Vorstellungen sind reizvoll, aber man sollte sich davor hüten, zu viel zu spekulieren.« *Krauss* arbeite mit »Gedankenmathematik«. Die von ihm verwendeten mathematischen Ausdrücke seien möglicherweise sinnlos und mit Vorsicht zu genießen.[43]

Eigentlich dürfte es das Universum gar nicht geben. Denn nach den Erhaltungssätzen der Physik entsteht zu jedem materiellen Partikel zugleich auch dessen Gegenstück, ein entsprechendes Antimaterie-Partikel. Allerdings ist beiden Teilchen ihre Existenz gewissermaßen nur kurz geliehen: Finden die Partner wieder zusammen, lösen sie sich gemeinsam in ein Nichts auf. Dieses Gesetz scheint aber bei der Entstehung des Universums außer Kraft gewesen zu sein. Denn wäre die Schöpfung exakt symmetrisch zustande gekommen, müsste beim Urknall genauso viel Materie wie Antimaterie entstanden sein – die sich am Ende wieder gegenseitig hätten vernichten müssen. Doch das uns bekannte Universum ist voller Materie. Wo ist die entsprechende Antimaterie geblieben?

Dieses Rätsel treibt die Grundlagenforscher um. »Die Hälfte des Universums ist weg, und unser Standardmodell gibt uns keinen ausreichenden Hinweis, warum das passiert ist«, sagt *Jeffrey Hangst* von der Universität Aarhus. Wenn nicht alles falsch ist, was bisher in der Physik als richtig galt, bleiben nur zwei generelle Möglichkeiten: Entweder gibt es (bisher unbekannte) Unterschiede zwischen regulärer Materie und Antimaterie, die das Überleben der Materie erklären. Oder aber beide Sorten haben sich durch einen unbekannten Mechanismus nach dem Urknall entmischt und koexistieren nun in weit voneinander entfernten Bereichen des Universums. Die eine Lösung würde die heutige Physik genauso umwerfen wie die andere.

- Die Verfechter eines »unbekannten Mechanismus« als Ursache weisen darauf hin, dass Modellrechnungen und Messungen der Hintergrundstrahlung im Kosmos gezeigt haben: Die Diskrepanz zwischen Materie und Antimaterie liegt bei etwa eins zu einer Milliarde. Das heißt: Nach dem Urknall fielen von je einer Milliarde Teilchen und Antiteilchen alle wieder zusammen – bis auf ein einziges Materiepartikel, das nach dem großen »Massaker« übrigblieb. Niemand weiß genau, worauf diese winzige Asymmetrie der Natur zurückzuführen ist. Klar ist nur: Wir verdanken ihr unsere Existenz.

- Die Vertreter einer »Entmischung« von Materie und Antimaterie berufen sich auf Beobachtungen des »Alpha-Magnetischen Spektroskops« (AMS). Das knapp sieben Tonnen schwere Messgerät, das etwa zwei Milliarden Dollar gekostet hat, wurde 2011 von der NASA in den Orbit gebracht und auf der erdabgewandten Seite der Raumstation ISS installiert. Das AMS registriert pro Sekunde etwa 500 Einschläge kosmischer Strahlen – insgesamt gut 83 Milliarden, seit es in Betrieb ging. Dabei handelt es sich um Partikel, die aus den Tiefen des Alls herbeigeflogen sind. Die meisten gehören zur »regulären« Materie. Aber ein kleiner Anteil sind Antimaterie-Partikel. Bei beiden Teilchensorten ist dieser Anteil deutlich höher als erwartet. »Kein Teilchenspektrum des AMS passt derzeit zum astrophysikalischen Standardmodell«, sagt *Stefan Schael* von de RWTH Aachen. Das gibt Anlass zur Zuversicht, denn es bestärkt den Physiker darin, nach den Besonderheiten der Antimaterie eher im Weltall zu suchen. Immerhin ist denkbar, dass in sehr großer Entfernung Bereiche des Universums existieren, in denen sich Antimaterie zu Antigalaxien organisiert hat. »Wenn wir auch nur ein solches Partikel sicher nachweisen, stellt das unser bisheriges Weltbild auf den Kopf«, sagt *Schael*. [44]

Kein einziger der naturwissenschaftlichen Erklärungsversuche ist empirisch exakt und unwiderlegbar abgesichert. Das muss auch *Krauss* zugeben: »Die Antworten, die wir erhalten haben – aus umwerfend schönen experimentellen Beobachtungen wie auch aus Theorien, die einem großen Teil der modernen Physik zugrunde liegen –, legen alle nahe, dass es kein Problem darstellt, aus nichts etwas zu erhalten. Tatsächlich ist es für die Entstehung des Universums vielleicht sogar notwendig gewesen, dass etwas aus nichts hervorgegangen ist. Alle Hinweise lassen darauf schließen, dass unser Universum auf diese Weise entstanden sein *könnte*. Das Wort ›könnte‹ habe ich hier betont, weil wir möglicherweise nie über genügend empirische Informationen verfügen werden, um diese Frage eindeutig beantworten zu können.«[45]

Aufgrund des tastenden Suchens der Naturwissenschaften nach immer weiter »verbesserten« Vorstellungs-Modellen scheint mir der Standpunkt des »Kritischen Rationalismus« angemessen, der unter anderem von dem österreichisch-britischen Philosophen *Karl Popper* (1902–1944) vertreten wurde. Ihm zufolge kann eine naturwissenschaftliche Theorie prinzipiell nicht bewiesen werden. Einzig die Methode der Falsifikation bleibt als Weg. Dabei handelt es sich um den methodischen Versuch, durch Beobachtung und Messung Gegenbeispiele zu finden, die Theorie also zu widerlegen.

Vielleicht ist die Theorie doch nicht ganz so unsinnig, welche die Ansicht vertritt, ein »Schöpfer« habe das Universum aus dem »Nichts« geschaffen? Vielleicht ist das »Nichts« etwas ganz Anderes als einfach – nichts? Lassen wir die Frage zunächst einmal offen. Es gibt nämlich noch mehr höchst Erstaunliches in diesem unserem Universum.

Expansion

Seit dem Urknall dehnt sich das Weltall beständig aus. Das lässt sich beobachten an der stetigen Zunahme der Entfernung weit voneinander entfernter Objekte im Raum. Über die Geschwindigkeit dieses Vorgangs streiten sich die Wissenschaftler. Gemäß der Urknalltheorie hat sich die Expansion des Universums in den ersten Milliarden Jahren seiner Existenz immer mehr verlangsamt. Lange Zeit war unklar, ob die Expansion, unendlich fortdauern oder irgendwann zum Stillstand kommen und sich wieder zusammenziehen wird. Neueste Forschungen haben ergeben, dass die Expansion des Universums heute beschleunigt abläuft. Eine allseits akzeptierte Erklärung dafür gibt es bis heute nicht.

Auch über die »Größe« des Universums gibt es unterschiedliche Auffassungen. Da das Universum 13,8 Milliarden Jahre alt ist, können nur Objekte wahrgenommen werden, deren Licht vor maximal 13,8 Milliarden Jahren ausgesandt wurde. Da sich das Weltall aber ausgedehnt hat – anfangs rasend schnell, mit zunehmendem Alter langsamer, zurzeit wieder schneller – können sich Objekte durch Eigenbewegung innerhalb des Raumes in dieser Zeitspanne noch weiter entfernt haben. Diese Objekte sind dann für uns unsichtbar, weil das Licht, das sie aussenden, bei uns noch gar nicht angekommen ist.

Energie

Das alles ist schon erstaunlich genug. Aber es wird noch viel erstaunlicher. Denn dieses unvorstellbar riesige, sich immer noch weiter ausdehnende Universum mit den unzähligen Sternen und Galaxien ist in einem »Urknall« entstanden. Welche unvorstellbar riesige Menge von Energie war dafür notwendig? Auch das übersteigt unser Vorstellungsvermögen. Die bei der Explosion einer Wasserstoffbombe frei werdende Energie war jedenfalls ein harmloser Klacks dagegen.

Gravitation

Die Frage nach der Energie provoziert schon das nächste Problem: Bei einer Explosion fliegen die Teile auseinander, es entsteht eine riesige Staubwolke. Warum schwirrten nach dem Urknall die Atome nicht wild und ungeordnet durcheinander, sondern formten sich im Lauf von Jahrmillionen zu festen Körpern, zu Sternen und Planeten? Das hängt mit der Gravitation zusammen: Alle Objekte, auch die kleinsten, ziehen sich gegenseitig an. Und je größer ein Objekt ist, desto stärker ist seine Anziehungskraft. Rein theoretisch übt unser Körper auf alle umgebenden Objekte eine Anziehungskraft aus. Allerdings spüren wir davon nichts wegen der verhältnismäßig kleinen Masse unseres Körpers. Und selbst die Schwerkraft der Erde können wir durch ein wenig Muskelkraft mit einem Luftsprung überwinden. Je weiter oder höher man aber springen will, desto schwieriger wird es. Der Hochsprungweltrekord liegt derzeit bei 2,45 m bei Männern und 2,09 m bei Frauen.[46] Wesentlich höher hinaus schaffen wir es aus eigener Kraft nicht. Das lässt die Gravitation nicht zu.

Auf die Frage, woher die Gravitation kommt oder wie sie entstanden ist, kann die Wissenschaft bis heute keine befriedigende Antwort geben. Man weiß nur, dass sie wirkt und wie sie wirkt, aber nicht, warum sie wirkt, wie sie entsteht und was sie im Kern eigentlich ist. Es gibt nur verschiedene Modelle und Hypothesen, von denen aber noch keine einzige ausreichend belegt wurde. Äußerst faszinierend sind einige Eigenschaften der Gravitation. Jedes noch so winzige Masseteilchen besitzt ein Gravitationsfeld, das – wenn auch in sehr geringem Maße – jedes andere noch so *winzige* und noch so *weit entfernte* Masseteilchen anzieht. Alle Masseteilchen der Raumzeit des Universums stehen also auf geheimnisvolle Weise miteinander in Verbindung. Und noch etwas lässt uns an der Gravitation ins Staunen geraten. Gemäß *Einsteins* Relativitätstheorien kann sich nichts im Universum schneller bewegen als mit Lichtgeschwindigkeit. Lokale Veränderungen der Gravitation an einem Ort des Universums können sich demzufolge höchstens mit Lichtgeschwindigkeit ausbreiten und sich daher an anderen Orten im Universum nur verzögert bemerkbar machen. Daraus schloss *Einstein* auf die Existenz von Gravitationswellen, die beim Durchlaufen eines Raumzeit-Bereichs diesen stauchen und dehnen – wohlgemerkt: betroffen sind sowohl der dreidimensionale Raum als auch die Zeit! Auch diese Naturphänomene wurden inzwischen durch Messungen bestätigt.[47]

Ursprung aus Nichts

Kehren wir nun noch einmal zurück zu der oben schon kurz genannten Theorie einer Entstehung des Universums aus dem »Nichts«! Alle von den Naturwissenschaften bisher vorgelegten Erklärungsversuche gehen von dem unbewiesenen, aber völlig unhinterfragten Paradigma aus, dass der Glaube an andere universale Seins-Ebenen unzulässig sei. Außer der empirisch mess- und beobachtbaren, materiellen Welt gebe keine andere

Wirklichkeit. Der bereits oben erwähnte *Lawrence Krauss* bekennt, dass er »nichts mit der Vorstellung anfangen kann, die Schöpfung erfordere einen Schöpfer – eine Behauptung, welche die Grundlage aller Religionen der Welt bildet.«[48] Nun gut. Wenn er damit nichts anfangen kann, können es vielleicht andere.

1937 hatte *Max Planck* in einem Vortrag über »Religion und Naturwissenschaft«[49] angemerkt, die heutige Quantenphysik lege nahe, dass sich sowohl die Theologen als auch die naturwissenschaftlichen Empiriker getäuscht haben: Die Theologen, sofern sie Gott für eine objektivierbare geistige Realität hielten, die man sozusagen auf den philosophischen und theologischen Seziertisch legen und wie andere Objekte menschlichen Interesses untersuchen könne; die modernen Empiriker, sofern sie in ihrem ebenso naiven Wissenschaftsglauben behaupten konnten, dass nur das wirklich existiere, was man im Experiment messen und mathematisch definieren könne.[50] »Beide Seiten haben erkannt, dass die Symbole, in denen die Religion Wahrheit ausdrückt, auf einer anderen Ebene liegen als wissenschaftliche Feststellungen über das Vorhandensein oder Nichtvorhandensein von natürlichen Objekten. Die Religion der Zukunft wird frei sein von dem sinnlos gewordenen Konflikt zwischen Glauben und Wissen.«[51]

Und *Albert Einstein*, der Erfinder der höchst abstrakten und unanschaulichen Relativitätstheorien, nimmt mit fast kindlichem Staunen die großartige Ordnung der Natur wahr und fühlt sich darin aufgehoben: »Der Anblick des Meeres ist unbeschreiblich großartig, besonders wenn Sonne darauf fällt. Man ist wie aufgelöst in die Natur. Man fühlt die Belanglosigkeit des Einzelgeschöpfes noch mehr als sonst und ist froh dabei.«[52] Religiosität, so bekennt er, sei die stärkste Triebfeder wissenschaftlicher Forschung: »Welch ein tiefer Glaube an die Vernunft des Weltenbaues und welche Sehnsucht nach dem Begreifen wenn auch nur eines geringen Abglanzes der in dieser Welt geoffenbarten Vernunft musste in Kepler und Newton lebendig sein, dass sie den Mechanismus der Himmelsmechanik in der einsamen Arbeit vieler Jahre entwirren konnten. [...] Nur wer sein Leben ähnlichen Zielen hingegeben hat, besitzt eine lebendige Vorstellung davon, was diese Menschen beseelt und ihnen Kraft gegeben hat, trotz unzähliger Misserfolge dem Ziel treu zu bleiben. Es ist die kosmische Religiosität, die solche Kräfte spendet. Ein Zeitgenosse hat nicht mit Unrecht gesagt, dass die ernsthaften Forscher in unserer im allgemeinen materialistisch eingestellten Zeit die einzigen tief religiösen Menschen seien.«[53]

Carlo Rubbia, der frühere Leiter des europäischen Kernforschungszentrums Cern bei Genf, bekennt in einem Interview: »Als Forscher bin ich tief beeindruckt durch die Ordnung und Schönheit, die ich im Kosmos finde, sowie im Innern der materiellen Dinge. Und als Beobachter der Natur kann ich den Gedanken nicht zurückweisen, dass hier eine höhere Ordnung der Dinge existiert. Es ist eine Intelligenz auf höherer Ebene vorgegeben, jenseits der Existenz des Universums selbst.« Für den Kosmologen *Gerhard Börner* vom Max-Planck-Institut für Astrophysik in Garching sind Wissenschaft und Religion keine Gegensätze. Beide zeigten nur verschiedene Perspektiven derselben Wirklichkeit auf. Dabei solle das religiöse Bekenntnis zur Schöpfung wissenschaftliche Erkenntnisse einbeziehen. »Innerhalb ihrer Gültigkeitsgrenzen bestimmt die Naturwissenschaft, was wahr und was falsch ist«, betont er. Es sei »doch sehr bemerkenswert, dass die moderne Urknalltheorie sehr gut zur biblischen Aussage passt, Gott habe die Welt zu einem bestimmten Zeitpunkt aus dem Nichts geschaffen.« Dies müsse Gott außerhalb von Raum und Zeit getan haben. Der Astrophysiker *Günther Hasinger*, Direktor am Max-Planck-Institut für extraterrestrische Physik in Garching, meint: »Es könnte ein alles durchdringendes Energiefeld geben, das auch da wäre, wenn sonst nichts existierte.« Als Beispiel nennt er die mysteriöse dunkle Energie, die das Universum beschleunigt expandieren lässt.[54]

Eine absolut »objektive« Wissenschaft, in die nicht – bewusst oder unbewusst – auch subjektive Interessen einfließen, welche die Erkenntnis beeinflussen, gibt es nicht.[55] Dies gilt von allen Versuchen, die Welt zu erklären, ob wir dazu die Physik oder Metaphysik, die Mathematik oder die Theologie bemühen. Da die Welt im Kopf eines jeden Menschen sein individuelles Unikat ist, wie an anderer Stelle in diesem Buch erklärt wird, kann es nur subjektive Weltsichten geben, die selbstverständlich auch auf die Wissenschaften subjektiven Einfluss nehmen.

Der christliche Schöpfungsglaube

Christlicher Schöpfungsglaube geht von einem eigenartigen Phänomen aus. Der in einer endlich-begrenzten Welt lebende und selbst endlich-begrenzte Mensch tritt dem Ganzen, dem er selbst zugehört und dessen Teil er ist, fragend-verwundert gegenüber. Das muss man sich einmal auf der Zunge zergehen lassen: Etwas Begrenzt-Endliches, der Mensch, fragt in etwas Begrenzt-Endlichem, dem Kosmos, nach dem Unbegrenzten-Unendlichen! Wie kann »die Natur« ein Wesen hervorbringen, das über sie hinausfragt? Eine Pflanze tut das sicher nicht. Ein Schimpanse? Kaum vorstellbar. Nur der Mensch tut das. Warum? Wie kam er darauf? Offenbar schöpften unsere Urahnen irgendwann aus irgendeinem Anlass den »Verdacht«

(woher? wie begründet?), dass »hinter« dem vordergründig Wahrnehmbaren noch eine letzte, tiefste und alles gründende Wirklichkeit bestehen könnte. Könnte! Eine Wirklichkeit, die anders ist als die uns umgebende, empirisch wahrnehmbare und erfassbare Wirklichkeit. Von Kindesbeinen an stellen Menschen – nur die Menschen! – die Frage nach dem Warum. Und löchern damit ihre Eltern. Die allerintelligenteste dieser Fragen und zugleich auch die schwierigste lautet: »Warum ist eigentlich etwas und nicht nichts?«

Dieses Grundproblem treibt nicht nur die Philosophen, sondern auch die Physiker um. Bisher kann die Naturwissenschaft jedenfalls nicht schlüssig erklären, warum es überhaupt Planeten, Atome, Pflanzen und – ja: Menschen gibt, die alle aus Materie bestehen. Die Vermutung macht Sinn, dass der Kosmos, so gewaltig und riesenhaft er auch sein mag, ein ganz anderes »Woher« besitzt. Der »Verdacht« erscheint nicht unbegründet, dass diese Welt, so rätselhaft und widersprüchlich sie auch sein mag, einen Ursprung hat, der dem Ganzen Sinn und Ziel eingab. Die Mutmaßung, dass die Welt von einem dieser Welt nicht selbst zugehörigen »Etwas« geschaffen wurde, erscheint zumindest nicht weniger vernünftig, als die Behauptung, sie sei »durch Zufall und Notwendigkeit« (*Jacques Monod*) geworden. Wer oder was dieser oder dieses »Etwas« genau ist, steht auf einem anderen Blatt.

Ich halte die Annahme keineswegs für unvernünftig, sondern sogar für sehr vernünftig und wahrscheinlich, dass die schöpferische Macht eines »Wesens«, das wir »Gott« nennen, allem Endlichen vorausliegt. Sie ist das ursprüngliche Prinzip für alles, was ist, und führt es seiner Bestimmung entgegen. »Der Gedanke der Weltschöpfung durch Gott ist ein Symbol, kein Wissen. Im Weltschöpfungsgedanken wird der Abgrund offen, in den wir mit all unserem Weltwissen und Welttun verschlungen werden und zugleich uns geborgen wissen« (*Karl Jaspers*).

Wer von der Schöpfung redet, bewegt sich im Feld der Theologie. Physiker, Chemiker und Biologen sprechen von der Natur und ihren Gesetzmäßigkeiten, wenn sie die gleiche »Sache« meinen. Es sind zwei verschiedene Perspektiven, in denen sich die Welt hier und dort unter einer spezifischen, je anderen Beleuchtung zeigt. Man kann nicht fragen, welches die richtige oder gar die »wahre« Perspektive ist. Es kommt darauf an, wo man steht. »Entscheidend für die Deutung von Erkenntnissen der Naturforschung«, resümiert der Theologe und Ethiker *Ulrich Eibach*, »sind also die aus der Forschung und ihren Ergebnissen selbst nicht ableitbaren Vorverständnisse und Lebenseinstellungen der Forscher, also nicht zuletzt die Glaubens- oder Unglaubensüberzeugungen, auf deren Hintergrund sie interpretieren.«[56]

Zuerst nur zwei: Gott und das Nichts
die Planeten sind steril
doch einen bedeckte er mit Lebewesen
um sie zu lieben ...
Die leblose Materie reproduzierte sich
und Milliarden Jahre später
unsere Verwandten aus dem Tierreich und dann wir
Die gleichen Atome des ganzen Universums
geboren aus Gaskonzentrationen
unendlich weit entfernter Sterne
die nicht mehr existieren
Kosmos oder Chaos?

Ernesto Cardenal[57]

Die letzte Ursache

Das Forschen nach einer naturwissenschaftlich begründeten Antwort auf die Frage nach der Entstehung des Universums führt seit der frühen Neuzeit zu einem permanenten Diskurs zwischen den Naturwissenschaften und der Theologie. Unzweifelhaft geht dabei von den Naturwissenschaften und der auf ihnen fußenden Technik die stärkere Faszinationskraft aus. Die biblische Erzählung von der Erschaffung der Welt wirkt eben doch reichlich altmodisch und gehört einem längst vergangenen Weltbild an.

Das heißt aber nicht, dass wir mit dem naturwissenschaftlichen Weltbild die ganze Wirklichkeit oder auch nur die wichtigsten Teile davon erfasst hätten. Wir leben nicht nur in einer Welt, die wir durch naturwissenschaftliche Methoden erfassen und in gewisser Weise sogar beherrschen können. Es gibt auch die erfahrbare Welt der Musik, der Poesie oder der Schönheit, in der naturwissenschaftliche Untersuchungsmethoden sich schwertun oder überhaupt nicht möglich sind.

Mit keiner der beiden Erkenntniswelten allein, mit keiner einzelnen Wissenschaft allein kann die existierende Wirklichkeit hinreichend erklärt werden. Wie viele Fragen trotz des wachsenden Wissens noch unbeantwortet sind, spüren wir, wenn wir auf uns selbst schauen. Schon die materiellen Funktionen unseres Körpers, das Zusammenspiel der Organe, die gegenseitige

Beeinflussung, die geheimnisvolle Welt unseres Gehirns, geben den Forschern noch immer unzählige Rätsel auf. Andere Fragen erst recht: Was ist der Sinn meines Lebens? Gibt es überhaupt so etwas wie bleibende Bedeutung oder überwiegt nicht am Ende das schier endlose, kalte Universum? Wodurch haben wir Menschen als Teil einer überschaubaren Evolution überhaupt die wundersame Fähigkeit erworben, die Welt so weitreichend erforschen und »entschlüsseln« zu können?

Diese zuletzt genannten Fragen, die wohl jeden Menschen irgendwann einmal beschäftigen, sind Fragen des Glaubens. Ihre systematische Reflexion ist Aufgabe der Glaubenswissenschaft, der Theologie und der Philosophie.

- Die empirisch arbeitenden Naturwissenschaften sind *Erfahrungs*wissenschaften insofern, als sie die vorgefundene und vorfindbare Wirklichkeit experimentell zu erfassen suchen und aus den erfahrenen Beobachtungen Gesetzmäßigkeiten – die wissenschaftlichen Naturgesetze – für die Vorgänge in der Natur ableiten. Die vorgegebene Realität selbst, das »Ding an sich«, kann allerdings nicht direkt erkannt werden. Um dennoch eine Vorstellung des Unvorstellbaren zu vermitteln, behilft man sich mit physikalisch-mathematischen Modellen.

- Auch die Theologie ist eine *Erfahrungs*wissenschaft. Ihre Aufgabe ist es, religiöse *Erfahrungen*, die Menschen gemacht haben und die unmittelbar mit dem persönlichen Lebensgang verbunden sind, systematisch zu erfassen, reflektierend zu deuten und in einen Gesamtzusammenhang einzuordnen. Das von Menschen erfahrene »Eigentliche«, »Letzte und Tiefste«, das Göttliche, kann nicht direkt und unmittelbar erkannt werden. Es gibt keine Gottes-*Beweise*. Zu erkennen sind nur gedeutete »Spuren« und »Zeichen«

einer »hinter« den vorgegebenen Realitäten vermuteten (=geglaubten) letzten und eigentlichen Wirklichkeit.
- Auch die Philosophie reflektiert die Frage nach dem »Eigentlichen«. Der (sich als Atheist bekennende) Philosoph *Holm Tetens* hat in einem vielgelobten Büchlein die Ansicht vertreten, Gott sei zu denken als unendliches vernünftiges Ich-Subjekt, das uns endliche vernünftige Ich-Subjekte geschaffen hat. Das unendliche vernünftige Ich-Subjekt Gott bestimmt *Tetens* als Schöpfer einer Welt, in der wir als vernünftige Ich-Subjekte vorkommen können. Das schließt ein, dass in dieser Welt unsere Naturgesetze gelten, denn nur unter dieser Voraussetzung ist auch ein Leben als Ich-Subjekt möglich, das sich Ziele setzt und diese Ziele im Umgang mit der Welt zu verwirklichen versucht.[58]

Theologie als Glaubens- und Erfahrungswissenschaft darf, wenn sie heute glaubhaft von Gott reden will, nicht mehr *»oben«* einsetzen, bei irgendwelchen Vorstellungen, Begriffen und Lehren von Gott, nicht in einer jenseitigen Überwelt oder bei einer vorgegebenen Metaphysik, auch nicht bei (biblischen) Gottes-»Offenbarungen«, sondern sie muss *»unten«* anfangen, im »Diesseits«, in dieser Welt, bei menschlichen Erfahrungen und Bedingungen – und dies ohne weltanschauliche oder religiöse Vorgaben. Die »Sache mit Gott« gibt es nur in der »Sache der Welt«. Gott ist der Diesseits-Jenseitige.

Rückbesinnung auf Spinoza

Im Hinblick auf den Fragenkreis »Gott und das Universum« wird in neuerer Zeit häufig auf das Gott-Denken des jüdischen

Philosophen *Baruch Spinoza* (1632–1677) zurückgegriffen. In der Philosophiegeschichte wird dieses Denken als »Pantheismus« bezeichnet. *Spinoza* vertrat die Ansicht, dass »die denkende Substanz und die ausgedehnte Substanz eine und dieselbe Substanz sind, die bald unter diesem, bald unter jenem Attribut gefasst wird.« Es gibt für ihn nur eine einzige Substanz. »Unter Substanz verstehe ich das, was in sich ist und durch sich begriffen wird, d. h. das, dessen Begriff, um gebildet werden zu können, den Begriff eines anderen Dinges nicht braucht.«[59] Gott und Welt sind identisch. Das Universum ist nicht eine Schöpfung Gottes, sondern die notwendige Seinsweise Gottes. Pantheismus lässt keine Differenzierung zu: Der Himmel ist Gott, die Erde ist Gott, der Fels ist Gott, und der Mensch ist Gott. Das bedeutet: Der Begriff »Gott« ist entbehrlich.

Dieser Mangel an Differenzierung führt zur Gleich-Gültigkeit. Denn jetzt ist Alles Gott, und Gott ist Alles. Alles ist gleich gültig, gleich wertvoll, gleich bedeutend – ein Baum, ein Wurm oder ein Mensch. Versteht man den Pantheismus als den Glauben an einen Gott, der als »die Summe alles Seins« definiert wird, dann ist »Gott« unbestreitbar. Denn es wäre unsinnig, die Existenz von etwas zu bestreiten, dem alles Seiende – die Welt, die Bäume, ich selbst – zugehört. Wenn aber »Gott« keine über den Begriff »Sein« hinausgehenden Eigenschaften besitzt, dann ist er auch entbehrlich – wie jeder Baum, jeder Wurm, jeder Mensch. Ein solcher Gott »ist gar kein Gott, sondern bloß ein missbrauchtes Wort, ein Unbegriff, eine contradictio in adjecto, ein Schiboleth für Philosophieprofessoren, welche, nachdem sie die Sache haben aufgeben müssen, mit dem Worte durchzuschleichen bemüht sind.«[60] Letztlich ist der Pantheismus nichts anderes als ein »höflicher Atheismus«[61].

»Panentheismus«

Deshalb bevorzugen zahlreiche Theologen heute eine nicht unwesentlich veränderte Form dieses Denkansatzes, die als »Pan-en-theismus« bezeichnet wird (alles Seiende ist *in* Gott *einbegriffen*). Nicht »Gott ist Alles, Alles ist Gott«, sondern »Gott ist in Allem, in Allem ist Gott«. Oder, um mit *Leonardo Boff* zu sprechen: »Dinge sind, was sie sind: Dinge. Dennoch ist Gott in den Dingen und Dinge sind aus Gott, denn sie entspringen aus seinem Schöpfungsakt. Das Geschöpf hängt immer von Gott ab, und ohne Gott würde das Geschöpf ins Nichts zurückkehren, woher es kam. Gott und die Welt sind unterschiedlich, doch sie sind weder getrennt voneinander noch abgeschlossen, sondern füreinander offen.«[62]

Alles im Universum ist (An-)Teil Gottes, aber Gott ist mehr als das Universum. Gott und Universum sind nicht identisch. Es gibt vielmehr ein vielgliedriges System von Wesen und Lebenserscheinungen, die voneinander und von Gott gesondert scheinen, jedoch allesamt untrennbar mit dem Urgrund »Gott« verbunden sind. Ein Dualismus zwischen Gott und Welt ist ausgeschlossen. Die strenge Unterscheidung zwischen Schöpfer und Schöpfung ist lediglich ein Hilfsprinzip, das es den Menschen erst ermöglicht, die Welt konkret begreifen, einordnen und beurteilen zu können. Nicht unwesentlich mögen zu dieser »Wiederentdeckung« des Panentheismus die Forschungsergebnisse der Naturwissenschaft über die aus menschlicher Sicht unvorstellbare Größe des Universums, die Wunder der Biologie oder die schwer durchschaubaren und verflochtenen Vorgänge des subatomaren Mikrokosmos beigetragen haben, die das Empfinden der Ehrfurcht und des Erstaunens gegenüber diesen Naturerscheinungen verstärken und untermauern.

In der Literatur werden noch weitere Spielarten und Ausdifferenzierungen des panentheistischen Denkens diskutiert: »Gott in Allem« könnte auch bedeuten, dass Gott Allem Antrieb und Energie gibt, dass Gott Erfahrungen von Allem hat, dass Gott Alles beseelt, dass Gott mit Allem spielt, dass Gott Alles umgreift, dass Gott Allem Raum gibt, dass Alles auf Gott einwirkt, dass Gott Alles an sich bindet, indem er sich Allem hingibt, dass Gott der Grund aller Emergenzen[63] in der Welt ist, dass Gott der Grund der Emergenz von Allem überhaupt ist, dass Gott ein Freund von Allem ist, dass Alles in Christus ist, dass Gott Allem Gnade schenkt und dass Alles zum Wesen Gottes gehört.[64]

»Alle Dinge sind reiner Gott«

In gewisser Weise könnte der mittelalterliche Mystiker *Meister Eckhart* (ca. 1260–1328) als Vorläufer des panentheistischen Denkens gesehen werden. Er betont in seinen Schriften immer wieder, dass der Gottsucher sich »leer« machen muss von aller theologischen Begrifflichkeit, ja dass er seines eigenen Gottes – als Denkvorstellung – »quitt« werden muss.[65] »Jedes Haften am äußeren Zeichen und genießende Schauen hindert dich am Erfassen des ganzen Gottes. [...] Nein, der Tempel muss ledig und frei sein, wie das Auge frei und leer sein muss von aller Farbe, soll es Farbe sehen. [...] Alle jene Bilder und Vorstellungen aber sind der Balken in deinem Auge. Drum wirf sie hinaus. Ja selbst deines gedachten Gottes sollst du quitt werden, aller deiner doch so unzulänglichen Gedanken und Vorstellungen über ihn wie: Gott ist gut, ist weise, ist gerecht, ist unendlich. Gott ist nicht gut, ich bin besser als Gott; Gott ist nicht weise, ich bin besser als er, und Gott ein Sein zu nennen ist so unsinnig, wie wenn ich die Sonne bleich oder schwarz nennen wollte. [...] Alles was du da über deinen Gott denkst und sagst, das bist du mehr selber als er.«[66] *Eckhart* sieht »jegliche Kreatur« als »Gottes voll. [...] Wenn sich Gott einen Augenblick von allen Kreaturen abkehrte, so würden sie zunichte.«[67] Das Leben Gottes selber entfaltet sich in den Dingen. Wer die Geschöpfe kennt, braucht keine Predigt, denn jedes Geschöpf ist ein von Gott beschriebenes Buch.[68] Die Dinge »schmecken« nach Gott. »Alle Dinge« sind für *Eckhart* »reiner Gott.«[69] Es liegt nur am Menschen, dieses Geheimnis der Dinge zu entdecken und ihm gemäß zu leben.

Auch für *Karl Rahner* (1904–1984) sind Alltagserfahrungen ein geistliches Grundanliegen. Die »Alltäglichkeit« und »Durchschnittlichkeit« ist für ihn ein unverzichtbares Thema der Frage nach der Gotteserfahrung. Es gibt nur einen einzigen Weg zur Erkenntnis Gottes und der führt »durch die Begegnung mit der Welt, zu der wir natürlich auch selber gehören. [...] Weil Gott etwas ganz anderes ist als eine der in unserem Erfahrungsbereich vorkommenden oder aus ihm erschlossenen Wirklichkeiten und weil die Erkenntnis Gottes eine ganz bestimmte einmalige Eigenart hat und nicht nur ein Fall des Erkennens im allgemeinen ist, darum ist es sehr leicht, Gott zu übersehen.«[70] *Rahner* nennt verschiedene nicht-personale Metaphern, mit denen sich die Gotteserkenntnis umschreiben lässt: »Man kann von Sein sprechen, vom Grund, von letzter Ursache, vom lichtenden und entbergenden Logos, man kann das Gemeinte noch mit tausend anderen Namen anrufen. [...] Wir wollen das Woraufhin und Wovonher unserer Transzendenz ›das heilige Geheimnis‹ nennen.«[71]

Die dunkle Seite

In engem Zusammenhang mit der Gottesfrage steht das Leid in seinen vielfältigen Erscheinungen und Erfahrungsformen. Wie kann Gott das zulassen? Warum hat Gott das nicht verhindert? Bekannt ist die vom lateinisch-afrikanischen Rhetoriklehrer und christlichen Apologeten *Lactantius* (ca. 250–317) überlieferte und (zu Unrecht) dem griechischen Philosophen *Epikur* zugeschriebene Argumentation:

> Entweder will Gott die Übel beseitigen und kann es nicht:
> Dann ist Gott schwach, was auf ihn nicht zutrifft,
> Oder er kann es und will es nicht:
> Dann ist Gott missgünstig, was ihm fremd ist,
> Oder er will es nicht und kann es nicht:
> Dann ist er schwach und missgünstig zugleich, also nicht Gott,
> Oder er will es und kann es, was allein für Gott ziemt:
> Woher kommen dann die Übel und warum nimmt er sie nicht hinweg? [72]

Hinter der in dieser Form zwingenden Argumentation verbirgt sich ein falsches, naives, anthropomorphes Gottesbild: Da ist ein Gott, der »droben überm Sternenzelt« thront, unberührt vom Leid der Menschen. Ein solches dualistisches Denken – auf der einen Seite Gott, auf der anderen die Menschen – hält sich hartnäckig bis in die Gegenwart und führt notwendig zu der Frage, wie ein angeblich gütiger und allmächtiger Gott das unendliche Leid seiner Geschöpfe zulassen kann.

Unterscheidungen

Gottfried Wilhelm Leibniz (1646–1716) hat in seinen, ursprünglich in französischer Sprache geschriebenen »Abhandlungen über die Theodizee von der Güte Gottes, der Freiheit des Menschen und dem Ursprung des Bösen« das so genannte Theodizee-Problem exemplarisch behandelt.[73] Es geht um die »Rechtfertigung« Gottes angesichts des vielfältigen Leids in der Welt. *Leibniz* bringt hier eine Differenzierung ein, die zugleich als inhaltliche Bestimmung der Übel sowie als Entlastung und damit Rechtfertigung Gottes für diese Übel fungiert. Er unterscheidet:
- das metaphysische Übel (malum metaphysicum),
- das natürliche Übel (malum naturale oder physicum) und
- das moralische Übel (malum morale).

Das »metaphysische Übel« wurde so bezeichnet aufgrund der Voraussetzung der damals gängigen Philosophie. Es umfasst das »Übel« des gravierenden Unterschieds zwischen der Vollkommenheit Gottes und der Unvollkommenheit seiner Geschöpfe, gekennzeichnet durch Endlichkeit, Beschränktheit, Irrtum, Tod.

Das »natürliche Übel« umfasst die mit der natürlichen Ordnung und mit unserer Konstitution gegebenen Übel, die uns von der Natur her zustoßen können – Naturkatastrophen, Unwetter, Schädlingsbefall, Krankheiten.

Das »moralische Übel« beinhaltet das, was auf unser eigenes Verschulden und falsches Verhalten zurückzuführen ist.

Das Übel der Natur

Eine der schlimmsten Naturkatastrophen der letzten Jahre war das Erdbeben im Indischen Ozean am 26. Dezember 2004. Es war das drittstärkste jemals aufgezeichnete Beben und löste eine Reihe von verheerenden Tsunamis aus. An vielen Küstenabschnitten verbrachten Touristen ihren Weihnachtsurlaub; an den Stränden waren viele Menschen zum Sonnen und Baden. Insgesamt starben durch das Beben und seine Folgen etwa 230.000 Menschen, davon allein in Indonesien rund 165.000. Über 110.000 Menschen wurden verletzt, über 1,7 Millionen Küstenbewohner rund um den indischen Ozean wurden obdachlos.

Die Ursache war eine Verschiebung von Erdplatten. Vor Sumatra schiebt sich die Indisch-Australische Platte, die einen großen Teil des Indischen Ozeans umfasst, in einer ca. 1.000 km langen Bruchzone im Durchschnitt mit etwa 33 mm pro Jahr in Richtung Nordosten unter die eurasische Platte. Es wird vermutet, dass das Beben auf der einen Seite der Platte eine unausgeglichene Situation auf der anderen Seite verursacht hat, was zu diesem riesigen unterseeischen Erdbeben geführt hat.[74]

Der Tsunami von 26. Dezember 2004 war objektiv ein völlig »normales« Geschehen, das aus der geologischen Beschaffenheit unserer Erde resultiert. Die Erde wie der gesamte Kosmos befinden sich in einem ständigen Prozess des Werdens und Vergehens. Werden bedeutet entstehen, heranwachsen, sich entwickeln. Werden ist ein Wachstumsprozess, der über bestimmte Stufen hinwegschreitet. Mit dem Erreichen der einen Stufe ist die Voraussetzung für den Übergang zur nächsten Stufe gegeben, die, ist sie erreicht, wieder auf eine weitere hin überstiegen wird. Werden ist somit ein eigenartiges Ineinander von schon Verwirklichtem und noch zu Verwirklichendem, von schon Erreichtem und noch zu Erreichendem. Werdendes kommt nicht zur Ruhe und geht häufig mit Spannungen und Brüchen einher.

Werden erscheint so als etwas Passives, als ein Erleiden: Es bedeutet Abschied von einem Zustand und Übergang in einen anderen. Werden ist eine Art von Unbehaustsein, weil das Erreichte immer wieder abgebrochen werden muss, um dem zu Erreichenden Raum zu geben. Dieses »Leid« des Werdens ist kennzeichnend und bestimmend für das gesamte Universum. Aber es ist kein »malum«, kein Übel, im objektiven Sinn, sonst wäre der ganze Kosmos ein »malum«, weil er sich in einem ständigen Prozess des Werdens befindet. Subjektiv freilich wird die Natur in manchen Situationen als »malum« empfunden, weil Menschen oder Sachen durch Natur-»Katastrophen« zu Schaden kommen. Doch die Natur selbst ist moralisch indifferent; sie ist moralisch weder »gut« noch »böse«.

Wie konnte Gott das zulassen?

Viele stellten sich nach der Tsunami-Katastrophe die Frage: »Wie konnte der allmächtige Gott so etwas zulassen? Warum hat er den Tod so vieler Menschen nicht verhindert?« Auch in vielen Medien wurde das Problem diskutiert. Der frühere Chefredakteur der Bildzeitung, *Claus Jacobi*, hat versucht, in einem längeren Artikel die Frage zu beantworten: »Wo war Gott?« Er schreibt: »Je verheerender die Unglücke, je gebildeter und eingebildeter die Menschen wurden, umso mehr Zweibeiner trauten sich Urteile zu.« Zweifel am Sinn der Welt und der Existenz Gottes seien aber auch durch die größten Katastrophen und menschlichen Verbrechen wie etwa Auschwitz nicht angebracht: Denn »der Kern des Dilemmas (ist) nicht Gott, sondern die Anmaßung der Menschen, ihn mit ihren Maßstäben zu messen.« *Jacobis* Vorschlag an die Bildzeitungsleser: Versucht angesichts dieser Katastrophe erst gar nicht, darüber nachzudenken! Oder mit den Worten *Jacobis*: »Wenn es denn einen Schöpfer des Universums gibt, dann entziehen sich seine Dimensionen zwangsläufig den Kategorien des Denkens und der Sprache von winzigen Wesen, die auf einem von Milliarden Himmelskörpern hausen. Unsere Phantasie, unser Verstand und unsere Vokabeln vermögen Gott nicht einzufangen. Gott bleibt immer Sache des Glaubens, nicht der Logik. Wo war er, als die Flutwelle kam? Ein Mensch kann diese Frage nicht beantworten. ›Gott wäre etwas gar Erbärmliches, wenn er sich in einem Menschenkopf begreifen ließe‹, tröstet der weise Christian Morgenstern.«[75]

Panentheistisches Denken glaubt, dass »Gott in Allem« sei, also in den Opfern des Tsunami, aber auch im Tsunami selbst. Nach christlicher Glaubensüberzeugung ist Gott »Fleisch« geworden (Joh 1,14). Der Evangelist wählt diesen schockierend harten Ausdruck offenbar ganz bewusst, um damit das Eingehen Gottes in letzter Konsequenz – als Eingehen in die Materie – zu beschreiben. *Karl Rahner* meint: »Wir dürfen ruhig das, was wir Schöpfung nennen, als ein Teilmoment an jener Weltwerdung Gottes auffassen, in der faktisch, wenn auch frei, Gott sich selbst aussagt in seinem welt- und materiegewordenen Logos. Wir haben durchaus das Recht, Schöpfung und Menschwerdung nicht als zwei disparat nebeneinander liegende ›Taten‹ Gottes ›nach außen‹ zu denken, die zwei getrennten Initiativen Gottes entspringen. Sondern wir dürfen uns Schöpfung und Menschwerdung in der wirklichen Welt als zwei Momente und zwei

Phasen *eines* – wenn auch eines innerlich differenzierten – Vorgangs der Selbstentäußerung und Selbstäußerung Gottes denken.«[76]

Das heißt dann aber: Gott leidet auch in seinen Geschöpfen. Er ist »in« ihnen, und damit auch in das kreatürliche Leid der Menschen hineingegeben. Er nimmt nicht nur wahrhaft und wesentlich An-Teil am Schicksal der Menschen, sondern auch am Schicksal der gesamten belebten und unbelebten Natur. Er ist nicht nur im Leid der Menschen, sondern auch im Leid der Kreatur. Das bedeutet keineswegs, dass Gott sich nun sozusagen in die Kreatur verwandelt hat und mit dieser Kreatur identisch geworden ist. Panentheistisches Denken sieht Gott als den Transzendenten, als den durch die Welt hindurch und in ihr erfahrbaren Gott, der nicht neben oder über dem Geschaffenen steht, sondern in allem Gewordenen immanent ist.

Für den Freiburger Theologen *Karlheinz Ruhstorfer* wirkt der panentheistische Aufbruch in der christlichen Theologie wie ein »Frühlingsregen« in einer verhärteten, ausgetrockneten Landschaft. In »einer Zeit, in der die Welt in Aufruhr ist, in der alte Fronten zwischen Sunna und Schia, Ost und West, Arm und Reich, Christen und Muslimen, Gläubigen und Nichtgläubigen neu aufzubrechen scheinen ... und sich in der westlichen Kultur die angestammte Religiosität immer mehr in Bedeutungs- und Belanglosigkeit auflöst«, brauche es eine neue einende und dennoch kritische theologische Leitkategorie, die interreligiös und intellektuell anschlussfähig ist[77].

Auf Initiative des Theologen *Hans Küng* wurde gegen Ende des letzten Jahrhunderts das Projekt »Weltethos« gegründet. Es strebt an, den Grundkonsens bereits bestehender Gemeinsamkeiten im Ethos immer wieder neu bewusst zu machen. Und zwar religiösen wie nicht religiösen Menschen weltweit in allen

Lebensbereichen. 200 Vertreter verschiedener Religionen und Weltanschauungen unterzeichneten am 4. September 1993 eine »Erklärung zum Weltethos«. Sie verpflichteten sich darin auf die Grundforderung: »Jeder Mensch muss menschlich behandelt werden«. Diese Forderung wird durch vier »unverrückbare Weisungen« näher beschrieben: »1. Verpflichtung auf eine Kultur der Gewaltlosigkeit und der Ehrfurcht vor allem Leben, 2. Verpflichtung auf eine Kultur der Solidarität und eine gerechte Wirtschaftsordnung, 3. Verpflichtung auf eine Kultur der Toleranz und ein Leben in Wahrhaftigkeit, 4. Verpflichtung auf eine Kultur der Gleichberechtigung und die Partnerschaft von Mann und Frau.« Eine fünfte Verpflichtung wurde unlängst hinzugenommen: »Verpflichtung auf eine Kultur der Nachhaltigkeit und der Bewahrung der Erde.«[78]

Zum Abschluss der Erklärung appellieren die Teilnehmerinnen und Teilnehmer »an alle Bewohner dieses Planeten: Unsere Erde kann nicht zum Besseren verändert werden, ohne dass das Bewusstsein des Einzelnen geändert wird. Wir plädieren für einen individuellen und kollektiven Bewusstseinswandel, für ein Erwecken unserer spirituellen Kräfte durch Reflexion, Meditation, Gebet und positives Denken, für eine Umkehr der Herzen. Gemeinsam können wir Berge versetzen! Ohne Risiko und Opferbereitschaft gibt es keine grundlegende Veränderung unserer Situation! Deshalb verpflichten wir uns auf ein gemeinsames Weltethos: auf ein besseres gegenseitiges Verstehen sowie auf sozialverträgliche, friedensfördernde und naturfreundliche Lebensformen. Wir laden alle Menschen, ob religiös oder nicht, ein, dasselbe zu tun!«[79]

Bedenkenswert an dem Ganzen ist die Tatsache, dass die hier vertretenen Werte und Normen unabhängig von Kultur, Religion oder Nationalität zu gelten haben. Das zeigt auch die hohe Achtung, die der *Dalai Lama* genießt. Der von ihm vertretene tibetische Buddhismus wird mit absoluter Gewaltfreiheit und Toleranz, mit ökologischem Bewusstsein und einer in unendlichem Gleichmut gründenden Spiritualität in Verbindung gebracht. Offensichtlich wird dieses Wertesystem weltweit als »natürlich« und allgemein erstrebenswert gesehen. Es kann nicht nur etwas mit der abendländisch-christlichen Kultur zu tun haben. Menschen wollen überall auf der Welt von anderen »anständig« und menschenwürdig behandelt werden.

Das moralische Übel

Der Mensch geht nicht in der Natur auf, er hebt sich aus ihr heraus durch das Bewusstsein. Er kann sich zu der Natur verhalten – sie hegend und pflegend oder missbrauchend und zerstörend. Auch seinen Mitmenschen gegenüber nimmt er diese ambivalente Haltung ein. Wir sagen dann: Er verhält sich ihnen gegenüber »gut« oder »böse«. »Das Böse ist kein Begriff, sondern ein Name für das Bedrohliche, das dem freien Bewusstsein begegnen und von ihm getan werden kann. Es begegnet ihm in der Natur dort, wo sie sich dem Sinnverlangen verschließt, im Chaos, in der Kontingenz, in der Entropie, im Fressen und Gefressenwerden. In der Leere draußen im Weltraum ebenso wie im eigenen Selbst, im schwarzen Loch der Existenz. Und das Bewusstsein kann die Grausamkeit, die Zerstörung wählen um ihrer selbst willen. Die Gründe dafür sind der Abgrund, der sich im Menschen auftut«, schreibt *Rüdiger Safranski* in seinem Buch »Das Böse«.[80] Die bedrängende Frage ist nur: Welche Motive bewegen das menschliche Bewusstsein, sich so oder anders zu entscheiden? Warum ist (oder wird) der eine Mensch »böse«, der andere »gut«?

Das Milgram-Experiment

Im Jahre 1961 führte der Psychologe *Stanley Milgram* ein psychologisches Experiment durch, das Berühmtheit erlangte. Kein psychologisches Experiment zur Gewalt, immer wieder mit identischen Resultaten wiederholt, war je aufschlussreicher als dieses. *Milgram* wollte herausfinden, ob durchschnittliche Personen autoritären Anweisungen auch dann Folge leisten, wenn sie in direktem Widerspruch zu ihrem eigenen Gewissen stehen. Das Experiment sollte dazu dienen, Verbrechen aus der Zeit des Nationalsozialismus sozialpsychologisch zu erklären. Der Versuch bestand darin, dass ein »Lehrer« – die eigentliche Versuchsperson – einem »Schüler« (Schauspieler) bei Fehlern vermeintlich einen elektrischen Schlag versetzte. Ein Versuchsleiter (ebenso ein Schauspieler) gab dazu Anweisungen. Die Intensität des elektrischen Schlages sollte auf Anweisung des »Lehrers« nach jedem Fehler um 15 Volt erhöht werden. In Wirklichkeit erlebte der »Schüler« keine elektrischen Schläge, sondern reagierte nach einem vorher bestimmten Schema, abhängig von der eingestellten Spannung. Erreichte die Spannung beispielsweise 150 Volt, verlangte der »Schüler«, von seinem Stuhl losgebunden zu werden, da er die Schmerzen nicht mehr aushalte. Dagegen forderte der dabei sitzende »Lehrer«, dass der Versuch zum Nutzen der Wissenschaft fortgeführt werden müsse. Wenn die Versuchsperson Zweifel äußerte oder gar gehen wollte, forderte der »Lehrer« in vier standardisierten Sätzen zum Weitermachen auf. Die Sätze wurden nacheinander, nach jedem geäußerten Zweifel der Versuchsperson, gesprochen. 26 Personen gingen in diesem Experiment bis zur maximalen Spannung von 450 Volt und nur 14 brachen vorher ab. Die Versuchspersonen waren allesamt gesunde, unauffällige Bürgerinnen und Bürger, es gab keine Persönlichkeitsunterschiede zwischen Verweigerern und »Tätern«, keine Intelligenzunterschiede, keine psychologischen Störungen bei den Tätern.

Das Experiment wurde vielfach als Beleg dafür gewertet, dass fast jeder Mensch unter bestimmten Bedingungen bereit ist, nicht seinem Gewissen zu folgen, sondern einer Autorität zu gehorchen. Daher wird es zur Erklärung der Frage herangezogen, warum Menschen foltern oder Kriegsverbrechen begehen. *Erich Fromm* meinte, Grund für die Bereitschaft, dem Versuchsleiter zu gehorchen, sei das besonders hohe Ansehen, das die Wissenschaft als Institution in Amerika besäße. Das entscheidende Ergebnis sei nicht die Zahl der Teilnehmer, die die Schüler mit den höchsten Spannungen bestraften, sondern der bei fast allen Teilnehmern beobachtbare ausgeprägte Gewissenskonflikt. Die Zahl der Teilnehmer ohne Gewissenskonflikt sei bei *Milgram* jedoch nicht genannt. *Fromm* sieht die Berichte über die innere Aufgewühltheit und das Leiden der Probanden beim Handeln gegen das eigene Gewissen als Beleg für die Stärke des moralischen Bewusstseins.[81]

Inzwischen bröckelt das aus diesen Versuchen abgeleitete Bild, dass Menschen allein durch blinden Gehorsam zu Mördern oder Folterknechten werden. Zwei Forscher haben neuerdings die Ergebnisse des Experiments anders interpretiert. Tyrannei sei nicht die Folge blinden Gehorsams. »Vielmehr entstehen solche Verbrechen, wenn Menschen sich mit Autoritäten identifizieren, die bösartige Handlungen als tugendhaft darstellen.

Die Täter sind nach ihrer Interpretation aktive statt nur passive Ausführer eines Befehls. Die Menschen handeln nicht blind, sondern wissend, nicht passiv, sondern aktiv. Sie handeln aus einer Überzeugung heraus, nicht weil es natürlich ist. Sie begehen die Tat, weil sie sich dafür entscheiden, nicht weil sie gezwungen wurden«, sagt das Forscherteam.[82]

Die Hirnrinde

Damit wird aber die Frage nochmals verschärft: Wie kommen willkürlich ausgesuchte »Durchschnittsmenschen« dazu, willentlich, aus Überzeugung und aus eigener Entscheidung sich mit Autoritäten zu identifizieren, die bösartige Handlungen als tugendhaft darstellen, nun selbst bösartig zu handeln? Der Psychologe und Neurowissenschaftler *Niels Birbaumer* findet eine Erklärung in der unterschiedlichen Hirnstruktur. »Jene Gehirne, die nach dem Experiment Schuldgefühle und Gewissensbisse angaben, und jene Gehirne, die äußerten, doch nur der Aufforderung des Versuchsleiters gefolgt zu sein, weiter das Opfer intensiv zu bestrafen, unterschieden sich in ihren Aktivitäten deutlich. Schuld und Reue aktivierte eine Hirnregion im sogenannten medialen Präfrontalkortex.« In dieser Hirnregion wird das Erlernen von Regeln gesteuert, es werden dort Problemlösestrategien erarbeitet und Argumentationen vorbereitet. Bei Schädigungen der präfrontalen Rinde ist die soziale Wahrnehmung eingeschränkt. Im Gegensatz zu Gesunden merken die Patienten ihre diesbezüglichen Defizite nicht. Bei Verletzung oder Störung des Stirnhirns zeigt sich kein Verlust der Intelligenz, wohl aber eine Veränderung des Verhaltens in Richtung von Ungehemmtheit, Taktlosigkeit, Aggression oder dem Fehlen von festen Absichten oder planender Vorausschau. Betroffene haben Schwierigkeiten ihr Verhalten zu ändern, obwohl das unter gegebenen Umständen absolut notwendig wäre.[83] »Genau diese Region«, so *Birbaumer,* »ist bei psychopathischen Gewalttätern nicht aktiviert oder bei oder kurz nach der Geburt geschädigt. Jene Gewalttäter, welche eine diagnostizierbare Schädigung erlitten hatten, wurden auch dann gewalttätig, wenn sie keine Vernachlässigung in der Jugend erlebt hatten, aus ›guten‹ Familien kamen. In diesem Fall triumphiert das Gehirn über die sozialen Umstände.«[84]

Heißt das: Ob jemand »gut« oder »böse« ist, hängt vom Funktionieren seines Präfrontalkortex ab? Der Betroffene mag zwar davon überzeugt sein, dass er sich in Freiheit für sein Handeln entschieden habe, in Wirklichkeit ist das eine Illusion: Er wird von seinem (defekten) Gehirn gesteuert.

Diese Meinung wurde in den frühen 1980er-Jahren von dem US-amerikanischen Physiologen *Benjamin Libet* vertreten. Er wollte herausfinden, was im Gehirn vor sich geht, wenn der Mensch eine freie Wahl trifft. Dazu forderte er seine Probanden auf, ihren Arm zu heben. Den Zeitpunkt konnten sie selbst bestimmen. Währenddessen zeichnete *Libet* die Hirnaktivitäten mit einer Elektroenzephalografie (EEG)-Kappe auf. Das Ergebnis: Der bewussten Entscheidung gingen Gehirnaktivitäten voraus, die sich offenbar im Unterbewusstsein abspielten. *Libet* schlussfolgerte daraus, dass das Unterbewusstsein die Entscheidungen trifft und eine Bewegung dann zwangsläufig folgen muss.[85]

Inzwischen wurde allerdings durch andere Experimente gezeigt, dass dem nicht so ist.[86] Der Berliner Hirnforscher *John-Dylan Haynes* konnte in einer Reihe von Experimenten nachweisen, dass der menschliche Wille freier ist, als seine Kollegen bislang angenommen hatten. Er kam zu dem Ergebnis, dass das Bewusstsein tatsächlich eine Art Vetorecht hat. Allerdings könne ab einem bestimmten Zeitpunkt (ca. 100 Millisekunden) auch das Bewusstsein die Bewegung nicht mehr abbrechen. »Zu dieser Zeit sind die Bewegungssignale bereits in den motorischen Hirnregionen angekommen und können nicht mehr gestoppt werden.« Ist das also der Beweis, dass wir doch Herr über unsere Entscheidungen sind? *Haynes* hat darauf eine nüchterne Antwort: »Nein. Trotz unserer Experimente glaube ich nicht an den freien Willen.« Denn jede Erinnerung, jede Entscheidung und auch jeder Gedanke spiegle sich physisch im Hirn wieder. Sei es durch die Vernetzung der einzelnen Hirnzellen oder durch die chemischen und elektrischen Signale, die zwischen ihnen ausgetauscht werden. Das Bewusstsein hänge also von dem aktuellen Hirnzustand ab. Dieser wiederum setzt sich aus allen Umwelteinflüssen, denen der Mensch bis dahin ausgesetzt war, aus all seinen Erfahrungen, die er im Laufe des Lebens gemacht hat, aus seinen Genen sowie aus seinen Gedanken, die er bis dahin hatte, zusammen. Würde man die Hirnzustände bis zur Geburt und davor zurückverfolgen, würde man irgendwann an einen Punkt gelangen, an dem es noch keine eigenen Gedanken gab – und der Hirnzustand sich nur aus den Genen, den Umwelteinflüssen und gegebenenfalls aus Erfahrungen im Mutterleib zusammensetzt. Das eigene Denken, welches sich erst später entwickelt, wäre also in seiner Entstehung durch die drei anderen Faktoren bestimmt.«[87]

Das gilt für alle neurobiologischen Befunde, davon sind Experten mittlerweile überzeugt: Die genetische Vorbelastung und veränderte Hirnfunktionen allein reichen nicht aus, um einen Menschen zum Verbrecher zu machen. Schädliche Beeinflussung, Vernachlässigung, Misshandlung oder Missbrauch in der

Kindheit müssen dazu kommen. Und umgekehrt: Bei Vorbelasteten können eine sichere Bindung und ein warmes, förderndes Umfeld in der Kindheit effektiv gegensteuern.[88]

Der SS-Scherge *Heinrich Himmler* kam aus der Familie eines streng katholischen und national eingestellten Münchener Oberstudiendirektors und besuchte bis zu seinem Abitur ein humanistisches Gymnasium. Eine andere Nazigröße, *Josef Goebbels*, stammte aus bescheidenen, aber geordneten Familienverhältnissen, wurde ebenfalls katholisch erzogen, war hochbegabt, legte ein Einser-Abitur ab und durfte die Abitur-Rede halten, in der sich bereits vieles von dem wiederfindet, was Goebbels später in seinen Reden gesagt hat[89]. *Adolf Hitler* war das dritte von sechs Kindern aus der dritten Ehe eines als streng und gewalttätig beschriebenen Zollbeamten.

In den frühen Lebensjahren ist der Mensch im Grunde bereits zu dem geworden, was er sein ganzes Leben lang sein wird. Das heißt: Sein Tun und Lassen ist im Wesentlichen festgelegt. Wenn er etwas »Böses« tut, tut er das, weil er »böse« ist.

Dies vertrat schon vor 200 Jahren der Philosoph *Arthur Schopenhauer*. Eine zentrale Frage seiner Philosophie ist: Was kann ein Mensch wollen? In der Zusammenfassung seiner Überlegungen zur Freiheit des menschlichen Willens schreibt er, »dass wir das Werk unserer Freiheit nicht mehr, wie es die gemeine Ansicht tut, in unseren einzelnen Handlungen, sondern im ganzen Sein und Wesen des Menschen selbst zu suchen haben. […] An dem, was wir tun, erkennen wir was wir sind […] Mit einem Wort: Der Mensch tut allezeit nur was er will, und tut es doch notwendig. Das liegt aber daran, dass er schon ist was er will: denn aus dem, was er ist, folgt notwendig Alles, was er jedes Mal tut.«[90]

Die Frage nach der Schuld

Das provoziert die Frage: Ist also »moralisches« oder »unmoralisches« Handeln im Wesentlichen »biologisches Schicksal«? Oder noch pointierter: Ist »gutes« oder »schlechtes« Tun letztlich ähnlich naturbedingt wie ein ruhiges Meer oder ein Tsunami? Daraus folgt als Konsequenz die Frage: Inwieweit ist der Mensch für sein Handeln verantwortlich? Dürfen wir einen Verbrecher für seine Taten bestrafen, wenn er gar nicht anders handeln kann, als es ihm sein Charakter (sein medialer Präfrontalkortex) vorgibt? Darf sich die Gesellschaft dann vor einem »bösen« Menschen schützen, indem sie ihm seine Freiheit entzieht? Andererseits: Darf man einen Mörder oder Kinderschänder frei herumlaufen lassen? Oder anders gefragt: Müssen wir einen Freiheitsentzug als Maßnahme zum Schutz der Gesellschaft und nicht als Bestrafung betrachten?

Für Außenstehende ist es kaum möglich, mit Sicherheit festzustellen, ob sich ein Mensch subjektiv schuldig gemacht hat. Kann man bei einem vierjährigen Mädchen, das sein zweijähriges Brüderchen aus Eifersucht ins Wasser stößt, von Schuld sprechen? Wie ist es aber, wenn ein Vierzehn- oder Achtzehnjähriger das Gleiche tut? Was ist, wenn es aus Unachtsamkeit geschieht, in betrunkenem Zustand? Das Maß der Schuld ergeben erst die näheren Umstände. Ein und dieselbe Handlung kann schwer schuldhaft sein oder frei von Schuld.

Schon *Aristoteles* hat diese Frage umgetrieben. Er geht von der für ihn evidenten Tatsache aus, dass das natürliche Streben des Menschen auf das Gute ausgerichtet ist.[91] Genauer: Auf das vom einzelnen als subjektiv gut Empfundene. Das kann allerdings gänzlich unterschiedlich und sogar gegensätzlich sein. »Was dem einen sein Uhu, ist dem anderen sein' Nachtigall.«

Religion, Gesellschaft, politische Einstellung (Ideologie), »Zeitgeist« und Weltanschauung üben einen starken Einfluss auf die individuelle, religiöse und gesellschaftliche Anschauung von »Gut« und »Böse« aus. Und damit auf die Möglichkeit, schuldig zu werden. Was vor einigen Jahren als »gut« und erstrebenswert galt (z. B. die Erziehung zum Gehorsam: »Ein gutes Kind gehorcht geschwind, genau und gern«), gilt heute zumindest als fragwürdig. Homosexualität wird in bestimmten politischen Systemen als »Übel« gesehen und sogar strafrechtlich verfolgt. Bis 1994 wurden auch in Deutschland Schwule gemäß §175 StGB[92] zu Gefängnis verurteilt. Erst 2004 wurde der letzte 175er-Häftling nach zehnjähriger Freiheitsstrafe aus der Haft entlassen.[93]

Menschliches Handeln und Unterlassen resultiert aus einem nicht selten unentwirrbaren Ineinander und Miteinander von Absicht und Gedankenlosigkeit, von bewussten und unbewussten Motiven, von moralischer Unreife und gesellschaftlichem Druck, von genetischer »Erblast« und günstigen Umwelteinflüssen. Ein Außenstehender ist selten in der Lage, ein in jeder Hinsicht gerechtes und zutreffendes Urteil über die moralische Zurechenbarkeit menschlichen Handelns zu finden. Nicht einmal der »schuldig« Gewordene ist sich immer über die letzten Motive im Klaren, die in der dunklen Tiefe seines Unbewusstseins letztlich den Ausschlag für sein Handeln gaben. Ein Richter spricht nicht selten subjektiv Unschuldige schuldig. *Arthur Schopenhauer* kommt zu dem Schluss: »Dem Strafrecht sollte, nach meiner Ansicht, das Prinzip zum Grunde liegen, dass eigentlich nicht der Mensch, sondern nur die That gestraft wird, damit sie nicht wiederkehre: der Verbrecher ist bloß der Stoff, an dem die That gestraft wird; damit dem Gesetze, welchem zu Folge die Strafe eintritt, die Kraft abzuschrecken bleibe«[94].

Und wie ist es mit »Gott«? Ist Gott im »Guten« *und* im »Bösen«?

Gott im »Bösen«?

In früheren Zeiten wäre schon eine solche Frage als schlimme Häresie betrachtet worden. Denn Gott ist gut, »böse« ist der Teufel. In der Neuzeit hat aber der Teufel sich verabschiedet[95]. Selbst in den Kirchen redet man meist nur noch von dem »Bösen«, wobei offen gelassen wird, ob damit »der« oder »das« Böse gemeint ist. Lassen wir also den Teufel beiseite und stellen nochmals die Frage: Wenn Gott *in* Allem ist, ist er dann auch in den »bösen« Menschen und deren »bösen« Taten?

Tatsächlich, es gibt im Alten Testament zahlreiche Texte, die den vorgeblich allgütigen, allweisen und allgerechten Gott als zornig, böse, rachsüchtig und zerstörerisch darstellen. Im Hintergrund steht die Überzeugung, dass alles Geschehen, auch das Negative, nicht ohne Gottes Zutun zu denken ist. Bei allem hat Gott irgendwie seine »Hand im Spiel.« Der häufig in der Theologie gemachte Versuch, zwischen »verursachen« (auf der Seite des Menschen) und »zulassen« (auf der Seite Gottes) zu unterscheiden, löst das Problem nicht. Dafür einige Beispiele:

- Aus der »Grundforderung Gottes« im Buch Deuteronomium; »Du (Israel) bist ein Volk, das dem Herrn, deinem Gott, heilig ist. […] Du wirst alle Völker verzehren, die der Herr, dein Gott für dich bestimmt. […] Dazu wird der Herr, dein Gott, Angst und Schrecken unter sie senden, bis umgebracht sein wird, was übrig ist und sich verbirgt vor dir. Lass dir nicht grauen vor ihnen; denn der Herr, dein Gott,

ist in deiner Mitte, der große und schreckliche Gott« (Dtn 7,6.18.20–21).
- Aus einer Gesetzessammlung des Buches Deuteronomium: »Wenn jemand einen widerspenstigen und ungehorsamen Sohn hat, der der Stimme seines Vaters und seiner Mutter nicht gehorcht und auch, wenn sie ihn züchtigen, ihnen nicht gehorchen will, so sollen ihn Vater und Mutter ergreifen und zu den Ältesten der Stadt führen und zu dem Tor des Ortes und zu den Ältesten der Stadt sagen: Dieser unser Sohn ist widerspenstig und ungehorsam und gehorcht unserer Stimme nicht und ist ein Prasser und Trunkenbold. So sollen ihn steinigen alle Leute seiner Stadt, dass er sterbe. Du sollst das Böse aus deiner Mitte wegschaffen. Ganz Israel soll davon hören, damit sie sich fürchten« (Dtn 21,18–21),
- Aus dem »Lied des Mose«: »Da sah der Herr, dass er geschmäht wurde von seinen Söhnen und Töchtern. Und er sagte: Mein Zorn ist gegen sie entbrannt, ich schicke ihnen Feuer auf die Erde, damit alles, was dort wächst, versengt: bis in die Totenwelt soll es sich fressen und auch den Grund der Berge unterhöhlen. ... Das Schwert soll wüten auf den Straßen, im Hause drinnen soll der Schreck sie töten, den jungen Mann, das junge Mädchen, den kleinsten Säugling und den Greis« (Dtn 32,19–25).

Es ist nicht zu leugnen: Das Alte Testament stellt die Gewalt in vielfacher Form und in erschreckender Häufigkeit dar. Es verschweigt sie nicht. Es versteckt sie nicht. In dieser Hinsicht ist die Bibel »wie ein Spiegel, in dem die Gewalttätigkeit der ganzen Welt und aller Zeiten aufscheint.«[96] Einige Texte stellen ganz unverblümt und illusionslos dar, dass Gewalt grundsätzlich zum Schicksal des menschlichen Daseins gehört: »Die Erde war in Gottes Augen verdorben, denn sie war voll von Gewalttat« (Gen 6,11). Die Erfahrungen Israels mit »seinem« Gott Jahwe sind ganz offensichtlich von Anfang an höchst ambivalent, um nicht zu sagen widersprüchlich. Aber es wird nicht der Versuch unternommen, sie zu harmonisieren oder gar zu vertuschen. Beide Gottesbilder – das des kriegerischen und das des kriegsverabscheuenden Gottes – stehen hart und unvermittelt nebeneinander. Ehrliche und sachgerechte Bibelauslegung darf weder die eine noch die andere Gotteserfahrung ausblenden. Beides gehört dazu: das Rätselhafte, Dunkle, Erschreckende, das Tremendum der Gotteserfahrung und das Lichte, Beseligende, Beglückende, das Faszinosum.

Die alttestamentlichen Schriftsteller und alle jene, die ihre Texte als »heilige Schriften« übernahmen, waren davon überzeugt: Alles kommt von Gott, Gott ist in Allem. Darum hatten sie keine Scheu, Gott im »Guten« wie im »Bösen«, in Gewaltlosigkeit und in Gewalt am Werk zu sehen. damit verbunden ist die tiefe Überzeugung, dass derjenige, der die Not herbeigeführt hat, sie auch wieder wenden kann.

Besonders problematisch erscheint in diesem Zusammenhang die Interpretation des gewaltsamen Todes *Jesu* am Kreuz. Sie wird als »Sühnetod« gedeutet. Der sei erforderlich gewesen, weil die Menschen durch ihre Sünden den »unendlichen« Gott tödlich beleidigt hätten. Eine »unendliche« Beleidigung müsse jedoch »unendlich« gesühnt werden. Dazu sei der Mensch als endliches Wesen nicht in der Lage. Also müsse Gott seinen »Sohn« opfern, um diese Beleidigung wieder gutzumachen. Der »Sohn Gottes« müsse durch seinen Tod am Kreuz stellvertretend für alle Menschen »Satisfaktion« leisten und so die verletzte Ehre Gottes wieder herstellen.

Diese auf *Anselm von Canterbury* (1033–1109) zurückgehende Satisfaktions-Lehre lässt Gott als ein gefühllos-grausames, von geradezu krankhaftem Ehrgefühl und unnachsichtigem Lechzen nach Gerechtigkeit getriebenes Monster erscheinen. Man wendet sich mit Entsetzen von einer »Gerechtigkeit« ab, die eine derartige Genugtuung fordert und deren blutrünstiger, finsterer Zorn die Botschaft *Jesu* von der Liebe und Barmherzigkeit Gottes konterkariert. Noch perverser wird das Gottesbild, wenn in der brutalen Kreuzigung die »Liebe« Gottes zum Ausdruck kommen soll. »Die Verknüpfung von Opfer und Liebe transportiert ein gefährliches Beziehungsmodell. Denn in ihm spiegelt sich auch die patriarchale Familienordnung, die Liebe als Gehorsam und Unterwerfung, als Opfer und Hingabe verstanden hat. Der unschuldige Sohn, der in freiwilliger Unterordnung unter den Willen des Vaters und aus Liebe zu ihm Folter und Demütigung erträgt, und der göttliche Vater, der das Leiden und Opfer des Sohnes billigt – diese Vorstellung akzeptiert indirekt den Missbrauch von Kindern. Mehr noch: Sie sakralisiert ihn sogar. Im Kontext von sexueller Gewalt und Missbrauch ist dies ein ganz gefährliches theologisches Modell«, konstatiert die Schweizer Theologin *Doris Strahm*.[97]

Wer eine brutale Gewalttat wie die Hinrichtung *Jesu* am Kreuz aus dem historischen und sozialen Kontext löst und sie als »Sühnopfer« verherrlicht, verfälscht sie. *Jesus* ist nicht gestorben, um die Ehre des zutiefst gekränkten Gottes wieder herzustellen, sondern weil er die Sendung, zu der er sich von Gott berufen fühlte, unbeirrt zu Ende führen wollte und auch vor der letzten Konsequenz, dem eigenen Tod, nicht zurückschreckte. Weil er nicht Gewalt mit Gegengewalt beantwortete, weil er der brutalen Macht der Mächtigen die bedingungslose Ohnmacht seiner Liebe entgegenstellte. Darum solidarisierte sich Gott mit ihm. Die »Sache Jesu« ging weiter, sie fing jetzt erst richtig an. Letztlich triumphiert der ohnmächtig Gemordete, und die Macht der Mächtigen geht zugrunde.

Der Pastoraltheologe *Ottmar Fuchs* sieht es so: »Die Bibel hat in vielen Passagen eine Ahnung davon, dass das so nicht geht: Gott selbst ist es, der in Not stürzt, der vernichtet und vernichten lässt, der in den Staub des Todes legt, der in Versuchung führt. So einfach ist es mit Gott nicht, dass er in ein Schwarzweiß- oder Rein-Unrein-Denken einteilbar wäre. Das Böse geschieht durch die Menschen, aber dass es geschieht, ist ein Fatum – also Schicksal oder Los –, das von Gott über sie verhängt wurde. […] Gott sieht nicht vom Übel weg, bezieht sich auf es – in diesem Sinne kann es nicht aus Gott herausfallen. Nur so ist die Universalität Gottes zu denken.«[98]

Altruistisches Denken und Handeln

Innerhalb der gesamten Natur ist der Mensch wohl das staunens- und verwundernswerteste Wesen. Doch was ist der Mensch? Bei der Geburt besteht der menschliche Körper zu 95 Prozent aus Wasser. Im Erwachsenenalter sinkt der Anteil jedoch auf »nur« noch knapp 70 Prozent, da mit zunehmendem Alter die Fähigkeit der Wasserspeicherung abnimmt. Das macht für einen durchschnittlichen Erwachsenen noch immer eine Wassermenge von ca. 43 Litern. Und unser »Denkorgan«, das Gehirn, schafft es sogar auf 85 bis 90 Prozent Wasser. Zum Wasser kommen dann noch Eiweiße, Fette und Mineralstoffe – Substanzen, die sich wiederum aus mehreren chemischen Elementen zusammensetzen. Mit 56 Prozent bringt Sauerstoff das meiste Gewicht auf die Waage, gefolgt von Kohlenstoff (28 Prozent), Wasserstoff (zehn Prozent) und Stickstoff (zwei Prozent) und Calcium (1,5 Prozent). Hinzu kommen Spuren von Chlor, Phosphor, Kalium, Schwefel, Natrium und Magnesium – insgesamt 21 chemische Elemente, die für den menschlichen Organismus von zentraler Bedeutung sind.

Alle diese »Bausteine« waren im Prinzip schon kurz nach dem absoluten Anfang, dem Urknall, vorhanden. Menschen, Tiere und Pflanzen, alles belebte und unbelebte Sein auf unserer Erde, in unserem Sonnensystem und im gesamten Universum stammen aus ein und derselben Quelle. Aus einer »Urquelle des

Seins«. Und nichts davon geht verloren. Aus dem, was war, entsteht im Kreislauf des Werdens, Vergehens und Neuwerdens wieder »andere« Materie. Wasserstoff, Sauerstoff, Kohlenstoff und viele weitere Elemente, die zu den wichtigsten Bausteinen des Lebens gehören, sind so stabil, dass sie nach ihrer Entstehung im Urknall (Wasserstoff) oder im Kernfusionsprozess eines Sterns (schwerere Elemente) selbst Sternexplosionen unbeschädigt überdauern und Millionen oder gar Milliarden Jahre als Staub durch das Universum wabern, bis sie sich erneut mit anderen Atomen zusammenballen, verklumpen und einen neuen Stern samt Planeten hervorbringen. Alles wird recycelt und als Baumaterial in den Kreislauf der Natur zurückgeführt. Dieser Kreislauf endet erst, wenn das Weltall seine maximale Ausdehnung erreicht und in sich zusammenstürzt, falls die oben erwähnte Theorie das kosmische Geschehen korrekt beschreibt.

Der Gedanke, dass wir aus »Staub« gemacht sind und wieder zu »Staub« werden, interessiert nicht nur Astrophysiker, Astrobiologen und andere Naturwissenschaftler. Auch Dichter, Philosophen und Theologen wurden davon inspiriert. »Wir sind Sternenstaub«, schreibt der nicaraguanische Dichter *Ernesto Cardenal*, »Alle Elemente unseres Körpers und des Planeten waren im Innern eines Planeten, waren im Innern eines Sterns. Wir sind Sternenstaub. Vor 13 Milliarden Jahren waren wir eine Masse aus Wasserstoff, die im Raum schwebte, sich langsam drehte, tanzte. Unser Fleisch und unsere Knochen kommen von anderen Sternen, vielleicht sogar aus anderen Galaxien, wir sind universal. Und nach unserem Tod, werden wir andere Sterne bilden helfen und andere Galaxien. Von den Sternen stammen wir, zu ihnen kehren wir wieder zurück.«[99] Bekannt ist auch der »Woodstock-Song« von *Joni Mitchell* mit dem Refrain »We are stardust …« (Wir sind Sternenstaub, wir sind golden / Wir sind

Millionen Jahre alter Kohlenstoff / Und wir müssen zum / Garten Eden zurückkehren).[100] »Im Schweiß deines Angesichts wirst du dein Brot essen, bis du zum Erdboden zurückkehrst, denn von ihm bist du genommen. Denn Staub bist du, und zum Staub kehrst du zurück« (Gen 3,19).

Dieses Häufchen Sternenstaub steckt voller Wunder. Das Zusammenspiel der leiblichen Organe, das rätselhafte Phänomen »Geist«, die Sprache, das Denken – wer könnte darüber nicht ins Staunen geraten? Das »Aschehäufchen« Mensch ist zu großartigen Leistungen und bewunderungswürdigen Taten fähig.

Einige davon möchte ich vorstellen.

Gesellschaftliches Engagement

Die Fernsehbilder vom September 2015 sind noch in lebendiger Erinnerung: Fröhliche Menschen am Münchener Hauptbahnhof halten »Refugees Welcome«-Schilder hoch, Teddybären fliegen durch die Luft, bunte Luftballons steigen in den Himmel, mit verklärten Augen werden Flüchtlingskolonnen bejubelt. Damit sich die Flüchtlinge in München von den Strapazen ihrer Reise erholen können, werden an mehreren Orten der bayerischen Landeshauptstadt provisorische Quartiere eingerichtet. Deutschland, so hatte man den Eindruck, war in einer kollektiven Willkommenstrance.

Rund 11 Prozent aller Deutschen – das sind ungefähr neun Millionen Menschen – hatten sich im Herbst 2015 in der Flüchtlingshilfe engagiert – mehr als im Sport, dem bisherigen Spitzenreiter beim Engagement der Deutschen. Und entgegen vieler Prophezeiungen ist die Willkommenskultur noch nicht am Ende.

Woher kam diese plötzliche Hilfsbereitschaft, die auf viele geradezu ansteckend wirkte? Was bewegte (und bewegt noch immer) die vielen Helferinnen und Helfer? In Befragungen des Berliner Instituts für empirische Integrations- und Migrationsforschung[101] wurde ermittelt, dass eine überdurchschnittlich große Anzahl der Flüchtlingshelfer ihre Stellung in der Gesellschaft als sicher empfindet. Viele von ihnen haben angesehene Berufe mit gutem Einkommen. Unter den Helfern mit geringerem Einkommen sind vor allem Studentinnen und Studenten überproportional häufig vertreten. Die Bildungsabschlüsse der Ehrenamtlichen sind im Vergleich zur Gesamtbevölkerung überdurchschnittlich. Menschen mit höherer Bildung zeigen in Umfragen weniger Vorurteile als Menschen, die weniger gebildet sind. Eine wichtige Rolle spielt für den Einsatz insbesondere die Zeit und die Fähigkeit, sich mit gesellschaftlichen Prozessen und Demokratie auseinander zu setzen. Die Helferinnen und Helfer wollen die Gesellschaft zumindest im Kleinen mitgestalten – das sagen 97 Prozent. 90 Prozent sehen in ihrem Engagement ein Statement gegen Rassismus. Ein wichtiger Motivator ist auch das Gemeinschaftsgefühl im Kreise der Helfenden: 92 Prozent stimmen dem zu.

Auch religiöse Motive spielen eine nicht unwesentliche Rolle. 2010 hatte eine Allensbach-Studie festgestellt, dass sich »religiöse junge Menschen« unter 30 Jahren in vieler Hinsicht von den religiös indifferenten Altersgenossen unterscheiden – »durch ein überdurchschnittliches soziales Verantwortungsgefühl, Aufgeschlossenheit, Bildungsorientierung und eine signifikant größere Bereitschaft, sich mit gesellschaftlichen Entwicklungen wie mit Fragen nach dem Lebenssinn auseinanderzusetzen, sowie unterdurchschnittlich ausgeprägten Materialismus.« Leider bilden diese jungen Menschen eine Minderheit von (zzt. der Studie) 28 Prozent.[102]

Die Motive sind aber nicht nur humanistischer oder religiöser Natur (»Gutes tun«, »Verantwortung übernehmen«). Viele Helfer nennen explizit auch persönliche Motive wie »Mein Wissen weitergeben«, »Weil es mir gut tut, gebraucht zu werden« oder schlicht den Spaß, der ihnen die Begegnung mit Menschen aus anderen Kulturen bringt. Die »Dankbarkeit der Flüchtlinge« ist für jüngere Engagierte unter 30 Jahren relevanter als für ältere. Ein weiterer Faktor für das Engagement ist außerdem, ob Menschen empathisch sind, ob sie sich in andere Menschen hinein versetzen können. Ältere Menschen werden häufig durch die Flüchtlinge an eigene Fluchterfahrungen erinnert und wollen deshalb helfen.

Überwiegend sind es Frauen, die sich von der Not der Geflüchteten bewegen lassen. Drei Viertel der Ehrenamtlichen waren 2015 weiblich, bei den unter 50-Jährigen waren es sogar 80 Prozent. Inzwischen ist der Anteil der unter 30-Jährigen und der Studierenden um die Hälfte gesunken, dafür stieg der Anteil der mittleren Generation und der Erwerbstätigen. Spitzenreiter bei der Art des Engagements sind Sprachkurse, gefolgt von Behördengängen sowie Geld- und Sachspenden, Begleitung bei Arztbesuchen oder die Übernahme von Patenschaften. Dreiviertel der aktiven Flüchtlingshelfer wollen ihr Engagement auch in den nächsten Jahren fortsetzen.

Ein Wort der deutschen Bundeskanzlerin machte damals die Runde: »Wir schaffen das!« Sie tat damit etwas, was viele europäische Regierungschefs und viele Konservative ihr bis heute nicht verzeihen: Sie tat das Selbstverständliche. Sie handelte im europäischen Geist. Und (unausgesprochen) wohl auch aus dem Geist christlicher Nächstenliebe. Mit einer moralischen Begründung (»Es sind Menschen«) bestand sie auf der Einhaltung des Asylrechts und weigerte sich, die Grenzen zu schließen. Sie sagte, dass in den Zeiten der Globalisierung ihre politische Macht zwangsläufig begrenzt sei. »Konflikte kommen bis vor unsere Haustür. Wir können die Grenzen nicht völlig schließen, wie wollen wir das machen?« Seit diesen Sätzen tobt eine Debatte um die Staatsräson, der Ton wird schärfer und zunehmend beleidigend. *Merkel*, so der Vorwurf, ersetze Politik durch Moral, sie kapituliere vor der Realität. Auch viele Intellektuelle wettern: *Merkel* lasse sich von Gefühlen leiten, sie belästige Europa mit ihrem »moralischen Imperialismus« und verrate die nationalen Interessen. Im Chaos der Weltgesellschaft sei mit Moral kein Staat zu machen.

2017, zwei Jahre nach der »Willkommenstrance«, haben Meinungsforscher des Bielefelder Instituts Kantar Emnid im Auftrag der Bertelsmann Stiftung gefragt, wie es heute um die Willkommenskultur steht.[103] Von staatlicher Seite ist sie stabil, meinen die Befragten. Rund drei Viertel von ihnen denken, dass sowohl Einwanderer als auch Flüchtlinge den Ämtern und Behörden »sehr« oder »eher willkommen« sind. Die Befragten machen indes einen klaren Unterschied zwischen Menschen, die vor Krieg und Verfolgung fliehen, und Menschen, die zum Lernen oder Arbeiten nach Deutschland kommen: Flüchtlinge sind nur bei 59 Prozent »sehr« oder »eher willkommen«, Einwanderer hingegen bei 70 Prozent. Große Differenzen erkennen die Meinungsforscher zwischen alten und neuen Bundesländern: Unter den Westdeutschen sagen zwei Drittel, Flüchtlinge seien bei den Menschen vor Ort willkommen (»sehr« und »eher«). Unter den Ostdeutschen hingegen antwortet die Mehrzahl (57 Prozent), Flüchtlinge seien nicht willkommen (»eher« oder »sehr unwillkommen«). Unter Jugendlichen und jungen Erwachsenen ist auch heute noch eine knappe Mehrheit für mehr humanitäre Hilfe. Dagegen ist die Hilfsbereitschaft bei den Älteren abgestürzt: Nur noch 29 Prozent (2015: 53 Prozent) finden, Deutschland sollte mehr Flüchtlinge ins Land lassen.

Eine ähnliche Entwicklung lässt sich auch in anderen europäischen Ländern beobachten, in denen rechte Regierungen an der Macht sind. Bemerkenswert ist vor allem, wie rasant der restriktive Diskurs in Deutschland dominant wird. Das Thema »Flüchtlinge« beherrscht seit der Kölner Silvesternacht 2015/2016[104] die politische Debatte in Deutschland. Die Situation ist seitdem weiter eskaliert. Der Kasseler Regierungspräsident *Lübcke* wurde vermutlich aus rechtsextremistischen Motiven ermordet, weil er sich in einer Rede für die Geflüchteten eingesetzt hatte. Zahlreiche Politiker, die Gleiches tun, werden bedroht und beschimpft oder sogar mit Morddrohungen überzogen. Die Hasskriminalität im Internet steigt rasant an. Die gesellschaftliche Stimmung ist enorm aufgeheizt. Vieles deutet auf die Wiederkehr eines engstirnigen Nationalismus, der mit hochgezogenen Grenzen und rigoroser Abschottung einhergeht und der gefördert wird von Politikern und Organisationen, die Fremdenhass und Ängste schüren.

Es gibt allerdings noch immer Menschen, vor allem Jüngere, die sich für soziale und strukturelle Integration der Geflüchteten und eine bessere Teilnahme an Bildung und Arbeitsmarkt einsetzen. Das geschieht jedoch nicht so öffentlichkeitswirksam wie die Protestaktionen, die sich auch grundsätzlich gegen die Asyl- und Abschiebegesetzgebung richten. Um das Engagement in der Flüchtlingshilfe zu untersuchen, führte das Institut für Demoskopie Allensbach im Auftrag des Bundesfamilienministeriums eine zweistufige Untersuchung durch.[105] Danach haben rund 55 Prozent der Bevölkerung ab 16 Jahren seit 2015 Hilfe für Geflüchtete geleistet, sei es durch Geld- und Sachspenden, öffentliche Fürsprache oder aktive Hilfen. Derzeit sind noch 19 Prozent als Helfer, Spender oder Unterstützer aktiv. Die Studie zeigt, dass ein Aktivierungsschub wie im Herbst 2015 an die konkrete Notsituation gebunden ist: Viele der Ersthelferinnen und Ersthelfer haben ihr Engagement nach der Bewältigung der drängendsten Problemen beendet oder setzen es in anderen Bereichen fort. Eine große Zahl der Helferinnen und Helfern hat sich schon als Kind und Jugendlicher für andere engagiert – als Sternsinger oder im Rahmen der Projekte des Integrationswettbewerbs »Alle Kids sind VIPs«, das sich für ein faires Miteinander in kultureller Vielfalt engagiert.[106] Wer für andere eintritt, setzt sich mit Lebenssituationen hilfsbedürftiger Menschen auseinander, übt zu argumentieren und lernt als Kind mit Erwachsenen umzugehen. Wer sich engagiert, lernt, die Welt aus einem anderen Blickwinkel zu betrachten und selbst etwas bewirken zu können.

Verbirgt sich hinter der humanitären »Willkommenstrance« von 2015 ein tief verwurzeltes, für viele nicht (mehr) bewusstes christliches Fundament, grundgelegt und verinnerlicht durch eine lange jüdisch-christliche Tradition in unserem Land? Glimmt auch in den scheinbar versteinerten Herzen noch ein Funke der Barmherzigkeit, der hell auflodert, wenn der Ansturm hilfesuchender Menschen ihn entfacht? Brauchte es diesen stummen Hilferuf der Flüchtlinge, um den Firnis der Gleichgültigkeit und der Apathie zu durchbrechen und das scheinbar längst vergessene Wort des Nazareners Wirklichkeit werden zu lassen: »Liebe deinen Nächsten wie dich selbst« (Mk 12,31 parr.)? Hat sich vielleicht die Erzählung vom barmherzigen Samariter (Lk 10,25–37) auch bei nicht religiös motivierten Helferinnen und Helfern so eingeprägt, dass sie geradezu spontan jenen Barmherzigkeit erweisen, die unter die Räuber gefallen sind? Ist die »Liebe Gottes, ausgegossen in unsere Herzen durch den Heiligen Geist, der uns gegeben ist« (Röm 5,5), doch nicht so erloschen wie es scheint?

Oder liegt der Hilfsbereitschaft ganz einfach eine zutiefst im menschlichen Wesen verankerte Empathie sowie eine altruistische Haltung zugrunde, ohne irgendeine religiöse Tradition als Voraussetzung? Zu dieser Erkenntnis gelangte jedenfalls *Arthur Schopenhauer* und formulierte dies mit eindrücklichen Worten: »Grenzenloses Mitleid mit allen lebenden Wesen ist der festeste und sicherste Bürge für sittliches Wohlverhalten .[...] Wer davon erfüllt ist, wird zuverlässig Keinen verletzen, Keinen beeinträchtigen, Keinem wehe tun, vielmehr mit Jedem Nachsicht haben, Jeden verstehen, Jedem helfen, soviel er vermag und alle seine Handlungen werden das Gepräge der Gerechtigkeit und Menschenliebe tragen. [...] Mitleid selbst aber ist eine unleugbare Tatsache des menschlichen Bewusstseins, ist diesem wesentlich eigen, beruht nicht auf ... Begriffen, Religionen, Dogmen, Mythen, Erziehung und Bildung; sondern ist ursprünglich und unmittelbar, liegt in der menschlichen Natur selbst«[107]. *Schopenhauer* schließt dabei ausdrücklich Tiere mit ein: »Das Mitleid bezieht sich auf alles, was Leben hat, und nimmt deshalb auch die Tiere in seinen Schutz ... Mitleid mit den Tieren hängt mit der Güte des Charakters so genau zusammen, dass man zuversichtlich behaupten darf, wer gegen Tiere grausam ist, könne kein guter Mensch sein«[108].

Es gibt allerdings zeitgenössische Philosophen, die meinen, am Mitleids-Begriff *Schopenhauers* Kritik üben zu müssen. *Käte Hamburger* (1896–1992) weist darauf hin, *Schopenhauer* selbst habe eingestanden, »daß wir beim Leiden des anderen nicht selbst leiden ...«. Mitleid sei nicht Liebe, auch nicht Barmherzigkeit. Mitleid sei unverbindlich und deshalb im Allgemeinen folgenlos. Sie beruft sich auf *Ludwig Wittgenstein* der in den »Philosophischen Untersuchungen« erschreckend nüchtern formuliert: »Das Mitleid, kann man sagen, ist eine Form der Überzeugung, daß ein Anderer Schmerz hat.« *Hamburger* sieht in dieser Formel »die radikalste Formulierung der Unpersönlichkeit dieser Haltung«. Sie unterscheidet zwei Positionen humanen Verhaltens: »Das Leiden anderer, das als eigenes Leid empfunden wird. Das ist ein höchstpersönliches Gefühl, fast eine Identifizierung. Das Mitleid hingegen ist unpersönlich, wahrt die Distanz. Die andere Haltung ist tätiges Helfen. Tätige Barmherzigkeit jedoch ist nicht Mitleid. Es gibt keine Barmherzigkeits-Ethik, sondern nur eine Mitleids-Ethik. »Weil Barmherzigkeit ein problemloses, jeglicher Diskussion entzogenes Tun ist, das Mitleid ... dagegen nur eine höchst problematische seelische Verhaltensweise«[109]

Dem kann man entgegenhalten, dass Mitleid in den meisten Fällen auch zum Handeln motiviert (vgl. die »Willkommenskultur« 2015). Wer Mitleid empfindet, bleibt vom Leid und von der Not des anderen nicht unberührt, sondern wird versuchen, zu helfen und Abhilfe zu schaffen. Schon allein deswegen, weil ihm die Gegenwart des Leidenden auf Dauer lästig wird.

Für *Schopenhauer* besitzen nur Handlungen echten moralischen Wert, denen keine egoistischen Motive beigemischt sind. Es gibt solche Handlungen, wie die Existenz wahrhaft ehrlicher, gerechter und mildtätiger Menschen bezeugt, auch wenn im Menschengeschlecht insgesamt Handlungen aus egoistischen und boshaften Motiven überwiegen. Oberster Grundsatz seiner Ethik ist: »Verletze niemanden und hilf allen, so viel du kannst.« Daraus folgen die beiden Kardinaltugenden der Gerechtigkeit und der Menschenliebe: Gerechtigkeit besteht im Unterlassen von Unrecht; Menschenliebe in der tätigen Hilfe. Wenn ich das Wohl eines anderen unmittelbar will und bei seinem Wehe mitleide, als wäre es meines, setzt dies voraus, dass »ich mich mit dem Anderen gewissermaßen identifiziert habe, und folglich die Schranke zwischen Ich und Nicht-Ich, für einen Augenblick aufgehoben sei«[110]. Allerdings vertritt auch *Schopenhauer* die Ansicht, dass »die Erklärung der Möglichkeit dieses höchst wichtigen Phänomens [...] nur metaphysisch ausfallen« kann[111]. Warum das Leid des einen durch das Mitleid des anderen unmittelbar zum Motiv für das helfende Handeln werden kann, bleibt auch für *Schopenhauer* das große Mysterium der Ethik.

Schopenhauers Ethik gewinnt heute zunehmend an Bedeutung. Darauf weist *Gabriele Neuhäuser* hin. Der zentrale Begriff des Mitleids finde sich in aktuellen Diskussionen um das Verhältnis von Evolution und Moral wieder, im zentralen Begriff des natürlichen Altruismus, der sich beim Menschen, aber auch bei Tieren findet. So sind unsere »Empfindsamkeit, unser Sinn für Fairness und Proportion, das moralische Urteilsvermögen und unsere Denkfähigkeit das Produkt dieser Evolution«[112]. Eng verbunden mit den tier-ethischen Grundüberlegungen sei *Schopenhauers* Vorläuferfunktion für die Umweltethik insgesamt. Er war ein Seismograph für das Elend der geschundenen Natur. Seine Idee der fundamentalen Identität aller Lebewesen ist Quelle für eine »jenseits des Machbarkeitswahns angesiedelte ökologische Ethik, die »zur gesamten Natur eine neue, gelassene Lebensform des nichthierarchischen Miteinanders fordert«[113]. [...] Selbst sein Vorschlag, mit einem asketischen, sich selbst bescheidenden Leben, die Gier und Unersättlichkeit des rastlosen Willens zu durchbrechen, findet ihren Widerhall in der zukunftsethischen Forderung nach einem bescheideneren Lebenswandel«[114]

Organspende

Bei einer *Lebend-Organspende* werden menschliche Organe für eine Transplantation zur Verfügung gestellt. Lebendspenden sind bei Nieren und Knochenmark gängige Praxis. Ganz risikolos ist der Eingriff nicht. Die Spende erfordert im Normalfall eine rund zweistündige Operation unter Vollnarkose. Sie hinterlässt eine 14 bis 20 cm lange Narbe – und beim Spender oft stärkere Schmerzen als beim Empfänger. Denn wenn das Organ entnommen wird, werden anders als beim Einpflanzen oft Wundspreizer verwendet, die das zu entnehmende Organ vor Beschädigung schützen, das umliegende Gewebe des Spenders aber stärker verletzen können.

Was der heutige Bundespräsident *Frank-Walter Steinmeier* für seine Frau getan hat, war also keine Kleinigkeit. 2010 hatte *Steinmeier* ihr eine Niere gespendet. Neben *Steinmeier* gibt es noch eine Reihe anderer prominenter Nierenspender und -empfänger. Als die Frau des früheren Vizekanzlers und Arbeitsministers *Franz Müntefering* schwer erkrankte, spendete er ihr im Jahr 2007 eine seiner Nieren – allerdings war der Krebs schon so weit fortgeschritten, dass sie nach wenigen Jahren verstarb. Zu den »prominenten« Nierenspendern gehören auch der frühere österreichische Bundeskanzler *Franz Vranitzky* (seiner Frau). *Herbert Grönemeyer* spendete seinem Bruder Knochenmark, das gleiche tat der Schauspieler *Jürgen Vogel* für seine Schwester.

Einen Vorteil hat die Lebendspende: Nach Angaben der Stiftung Organtransplantation ist diese Art der Übertragung erfolgversprechender. In mehr als 84 Prozent aller Fälle arbeitet die vom Lebenden gespendete Niere auch im Körper des Empfängers zuverlässig. Wird das Organ eines Verstorbenen verpflanzt, liegt diese Rate – bedingt durch die meist längeren Transportzeiten – bei nur 70 Prozent.

Die christlichen Kirchen lehnten bis in die 1950er Jahre eine Organspende *nach dem Tod* mit Blick auf das Verstümmelungsverbot von Leichnamen ab. Heute wird von den meisten die Ansicht vertreten, dass die der Nächstenliebe entspringende Entscheidung zur Organspende Vorrang haben sollte vor der körperlichen Integrität des Leichnams. Die Organspende sei grundsätzlich eine edle Tat, erklärte Kardinal *Lehmann* in einer Rede beim Nephrologenkongress 2009. Sie solle aber immer aus einer freien Entscheidung geschehen. Es gebe keine, auch keine christliche Pflicht zur Organspende. Allerdings sollte auf einen würdevollen Umgang mit dem toten Spender und seinen Angehörigen sowie auf die Freiwilligkeit seiner Spende geachtet werden.[115] Ein Jahr zuvor hatte bereits Papst *Benedikt XVI.* die Organspende als »besondere Form des Zeugnisses der Nächstenliebe« bezeichnet. Es sei ein wirklich selbstloser Akt, seine Organe nach dem eigenen Tod zur Verfügung zu stellen. Schließlich hat der Spender gewiss keinen Vorteil mehr davon und kann zugleich mit seiner Bereitschaft helfen, das Leben anderer Menschen zu retten oder mindestens für einige Jahre zu erleichtern.[116]

Hingabe des Lebens für andere

Staunen und Verwundern werden zum Bewundern, wenn ein Mensch bereit ist, sein Leben für andere hinzugeben. Hier möchte ich exemplarisch nur zwei Beispiele aus jüngerer Zeit erwähnen.

Janusz Korczak

Janusz Korczak entstammte einer polnisch-jüdischen Anwaltsfamilie. Trotz seiner literarischen Ambitionen studierte er Medizin, danach arbeitete er als Kinderarzt in einer Warschauer Klinik. 1911 schließlich hatte er sein Lebensprojekt gefunden: Die jüdische Gesellschaft »Hilfe für die Waisen« bot ihm die Leitung des neu erbauten Waisenhauses »Dom Sierot« an.

Hier bekam *Korczak* freie Hand, seine pädagogischen Vorstellungen in die Praxis umzusetzen. In einer Zeit, in der Lehrer ihre Schüler üblicherweise prügelten und Erziehung oftmals darin bestand, den Willen der Heranwachsenden zu brechen, ging er einen radikal anderen Weg. Er betrachtete Kinder und Jugendliche als vollwertige Menschen, die ebenso Rechte hatten wie die Erwachsenen und ihnen ebenbürtig waren. »Kinder werden nicht erst Menschen, sie sind es bereits«, lautete sein Credo. *Janusz Korczak* war einer der ersten und radikalsten Vorkämpfer für Kinderrechte.

Im August 1942 wurden im Rahmen der Aktionen zur so genannten »Endlösung der Judenfrage« die etwa 200 Kinder des Waisenhauses von der SS zum Abtransport in das Vernichtungslager Treblinka abgeholt. Obwohl *Korczak* wusste, dass dies den Tod bedeutete, wollte er die Kinder nicht im Stich lassen und bestand ebenso wie seine Mitarbeiterin *Stefania Wilczynska* darauf mitzufahren.

Am 5. August 1942 bestieg *Janusz Korczak* zusammen mit 200 Kindern den Zug nach Treblinka. »Als die Kinder schon einwaggoniert waren«, so berichtete ein Augenzeuge später, »erfuhr der deutsche Platzkommandant, dass der hagere, alte Mann mit dem kurzen Bart, der die Kinder begleitete, *Janusz Korczak* hieß. Es fand dann folgendes Gespräch statt: ›Sie haben den *Bankrott des kleinen Jack* geschrieben?‹ (ein damals auch in Deutschland populäres Kinderbuch; Anmerk. d. Red.) ›Ja.‹ ›Ein gutes Buch. Ich habe es gelesen, als ich noch klein war. Steigen Sie aus.‹ ›Und die Kinder …‹ ›Die Kinder fahren. Aber Sie können hierbleiben.‹ ›Sie irren sich‹, erwiderte *Korczak*, ›nicht jeder ist ein Schuft‹, und er schlug die Waggontür hinter sich zu.«[117]

Arnaud Beltrame
Im März 2018 erschoss ein 25-jähriger Mann in Südfrankreich bei mehreren Attacken zunächst drei Menschen und verletzte weitere. Im Ort Carcassonne raubte der Angreifer ein Auto, tötete einen der Insassen und verletzte den Fahrer. Kurze Zeit später verletzte er mit Schüssen einen Polizisten, der mit Kollegen vom Joggen zurückkam. Dann fuhr er in das nahegelegene Trèbes und stürmte dort er einen Supermarkt. Er erschoss den Fleischverkäufer und eine weitere Person. Den meisten Kunden und Angestellten des Geschäfts gelang die Flucht. Einige Geiseln wurden nach Verhandlungen mit der Polizei freigelassen. Nur eine hielt der Angreifer zurück. Nach kurzem Überlegen bot sich der Polizist *Arnaud Beltrame* als Austausch für diese letzte verbliebene Geisel an. Der Islamist stimmte dem Austausch zu. Während Polizist *Beltrame* den Supermarkt betrat, gelang es ihm, sein Handy eingeschaltet und mit Verbindung zu seinen Polizeikollegen zu platzieren. So konnten die Kräfte außerhalb des Supermarktes hören, was sich im Inneren des Gebäudes abspielte. *Beltrame* blieb alleine mit dem Terroristen zurück. Gegen Mittag schoss der Attentäter auf seine Geisel. Daraufhin stürmten Spezialkräfte der Gendarmerie den Supermarkt. *Beltrame* wurde nach der Befreiung des Supermarktes mit lebensgefährlichen Stich- und Schussverletzungen in ein Krankenhaus überführt. Nach dem Autopsiebe-

richt verstarb *Beltrame* am 24. März an den Folgen der Schnittverletzungen im Bereich der Kehle.

Papst *Franziskus* sagte, als er vom Tod des Polizisten hörte, er »ehre besonders die großzügige und heroische Geste von Oberstleutnant *Arnaud Beltrame*, der sein Leben gegeben hat, um die Menschen zu schützen.«[118]

Es ließe sich noch eine ganze Reihe anderer Menschen aufführen, die ihr Leben für andere hingaben und die wir für ihren Einsatz bewundern – Widerstandskämpfer, Entwicklungshelfer, Journalisten, Sanitäter, Ärzte, Arbeiter. Aber auch die vielen Namenlosen, die nie in irgendeiner Zeitung oder im Rundfunk genannt wurden. Was bewog sie zu ihrem Entschluss? Aufgrund der Erkenntnisse der modernen Hirnforschung ist das Bild vom rational abwägenden Menschen ins Wanken geraten. Ob eine Handlung gut oder schlecht ist, entscheiden wir nicht nüchtern und sachlich, sondern wir werden dabei stark vom Präfrontalkortex, von Emotionen und Affekten geleitet. Auf bestimmte Herausforderungen reagiert der Mensch meist spontan, unmittelbar. Erst danach liefert das bewusste Denken die Begründung für die vorangegangene Tat. Merkwürdig nur, dass die einen – ohne lange zu überlegen, scheinbar völlig spontan – zu einer derart heroischen Tat bereit sind und andere nicht – ebenfalls ohne lange zu überlegen, scheinbar völlig spontan.

Der Psychologe *Philip Zimbardo* kam aufgrund eines 1971 durchgeführten Experiments zu dem Schluss: »Menschen sind in der Regel nicht von Natur aus böse oder gut, sondern werden durch ihre Umstände dazu gemacht. [...] Wir alle tragen in uns das Potenzial, unter den richtigen Umständen zu Helden zu werden.« Und in Anlehnung an *Hannah Arendts* berühmtes Wort von der »Banalität des Bösen« spricht er von der »Banalität des Heroismus«: Um ein Held zu sein, brauche es oft gar nicht viel.[119]

Bei einer Befragung von über 1.500 Frauen und Männern, die anderen in Not geholfen hatten – Juden und Nicht-Juden, Soldaten und Zivilisten, Philanthropen und Menschen, die in ihrer Gemeinde als besonders integer galten – fanden die polnisch-amerikanischen Soziologen *Pearl* und *Samuel Oliner* neben vielen Unterschieden eine Eigenschaft heraus, die allen gemein war. Sie konnten »schlicht nicht dastehen und anderen beim Leiden zusehen«, so formulierte es *Samuel Oliner*. Diese Haltung war ihnen in der Regel schon in der Kindheit vermittelt worden. Die Eltern (oder andere Vorbilder) hatten sie nicht nur grundlegende Werte wie Mitgefühl, Fairness und Verantwortung gelehrt, sondern ihnen oft auch ein Gefühl für moralische Integrität und Selbstwirksamkeit mitgegeben – also das Bewusstsein, dass es auf sie ankomme und dass sie selbst etwas bewirken könnten.

Zu ähnlichen Ergebnissen kam die deutsch-amerikanische Psychologin *Eva Fogelman*. Sie befragte Hunderte von Menschen, die während der NS-Zeit Juden versteckt und gerettet hatten, nach ihren Motiven und Lebensgeschichten. Bei aller Unterschiedlichkeit der Einzelschicksale stieß sie immer wieder auf Gemeinsamkeiten. Viele der Interviewten erzählten von einem liebevollen Heim, von mitfühlenden Eltern oder von altruistischen Menschen, die ihnen als Vorbild dienten; sie berichteten von einer Erziehung, die ihnen Werte wie Solidarität und Toleranz mit Andersdenkenden nahegebracht und ihnen zugleich Eigenständigkeit, Selbstvertrauen und unabhängiges Denken vermittelt hatte. Was *Fogelman* zudem auffiel: Viele der späteren Helfer hatten selbst traumatische Erlebnisse gehabt, sei es eine schwere Krankheit in der Kindheit, den Tod geliebter Personen oder andere Schicksalsschläge, die ihnen die Brüchigkeit der menschlichen Existenz vor Augen führten. Sie hatten erlebt, wie sich ein Leben außerhalb der Norm anfühlt und wie wichtig in solchen Situationen der Beistand anderer ist.

Entscheidend für das altruistische Handeln war meist der erste kleine Schritt. Das fand der Historiker *Marten Düring* heraus, der sich mit den Motiven von Menschen beschäftigte, die während des Zweiten Weltkriegs teils unter Lebensgefahr Juden versteckten. Viele von ihnen wurden nur aktiv, weil sie darum gebeten wurden. »Durch Zufall gerät man rein, und dann steckt man drin und macht einfach weiter.« Wer sich einmal für eine bestimmte Handlungsweise entscheidet – etwa entgegen der Mehrheitsmeinung einem Bedrängten zu helfen –, wird sich künftig ähnlich entscheiden, auch wenn er oder sie sich damit immer weiter vom herrschenden gesellschaftlichen Konsens entfernt.[120] »So gesehen ist das Kennzeichen der modernen Helden nicht Sendungsbewusstsein oder ein übermäßiger moralischer Anspruch, weder eine gloriose Herkunft noch irgendwelche übermenschlichen Fähigkeiten, sondern schlicht und einfach die Bereitschaft, angesichts einer Notlage nicht zurückzuweichen – sondern einen ersten Schritt zu machen und das zu tun, was einem eben möglich ist.«[121]

Die Entscheidung, sein Leben für andere zu opfern – ob nun spontan oder überlegt – widerspricht dem Gesetz alles Lebendigen, leben zu wollen und sich fortzupflanzen. Gibt es eine (unbewusste) Disposition zu solch extrem empathischen Handeln? Eine Art von (genetischer?) »Veranlagung« oder eine (durch tugendhaftes Leben?) erworbene Grundhaltung zum Guten? Die Psychologen sagen, dass die Fähigkeit, sich in andere Menschen einzufühlen, ihre Gedanken, Gefühle und Motive nicht nur zu verstehen, sondern auch nachzuvollziehen und darauf zu reagieren, teilweise angeboren sei. Aber sie kann auch beeinflusst werden. Dies geschieht bereits in der frühen Kindheit mit den richtigen Vorbildern, also einfühlsamen und sensiblen Eltern oder anderen Bezugspersonen, die die Gefühle ihres Kindes wahr- und ernstnehmen. Liegt es also an den Eltern? Wenn ja, wie kamen diese zu der Einstellung? Waren diese Menschen »inspiriert«? Wovon? Von wem oder was?

Eine extreme Position nimmt der Psychologe und Verhaltensforscher *Robert Plomin* ein, der am Londoner King's College erforscht, wie Gene unser Verhalten prägen. Er ist sich sicher, dass schon bei der Geburt Charakter und Begabung vorherbestimmt sind[122]. *Immanuel Kant* und *Arthur Schopenhauer* gelangten auf ganz anderen Wegen im Grunde zu ähnlichen Ergebnissen. Bei *Schopenhauer*, der ausdrücklich auf *Kants* Gedanken aufbaut, liest sich das so: »Sämtliche Handlungen, ihrer äußeren Beschaffenheit nach durch die Motive bestimmt, können nie anders als diesem unveränderlichen individuellen Charakter gemäß ausfallen: wie Einer ist, so muss er handeln«. Und weiter: »Das operari (=Handeln) eines gegebenen Menschen ist von Außen durch die Motive, von Innen durch seinen Charakter notwendig bestimmt: daher Alles, was er tut, notwendig eintritt«[123].

Geheimnis des Unsagbaren

Ich möchte hier eine Art Exkurs einschieben in die Welt der Musik. Wie keine andere Kunst öffnet sie die Sinne für eine Erfahrung, die dem Sprechen und Nachdenken, auch dem Sehen und Hören verschlossen bleibt. Musik gehört zu den intensivsten emotionalen Ausdrucksformen, die sich Menschen in ihrer Kultur geschaffen haben. Musik überträgt Ereignisse und Erfahrungen des Lebens in psychische Stimmungen – Trauer und Freude, Niedergeschlagenheit und Jubel, Andacht und Frömmigkeit. Sie fordert unsere Seele – und zwar ganz, wie *Hermann Hesse* bemerkte.[124] Für den Dirigenten *Sergiu Celibidache* lag das Wesentliche der Musik »nicht in den Tönen: sie ist nirgends. Außerzeitlich. Sie wird in der Transzendenz.« Das Erlebnis einer überirdischen Ergriffenheit durch musikalische Klänge ist jedoch nicht willentlich herstellbar und auch nicht jedem Menschen in gleicher Weise zugänglich. Es setzt ein existentielles Berührt-Sein voraus.[125]

Musik entführt in eine andere Welt. Sie transzendiert die nüchterne Macht der Sprache und spricht weniger die Vernunft an, sondern mehr das Herz und das Gemüt. Sie kann den Menschen betroffen machen, ihn in seinem tiefsten Inneren »angehen«. Sie atmet das Geheimnis des Unsagbaren und verweist auf ein unbegreifliches, umfassendes Gegenüber.

»Die Kunst ist eine Sprache, die Verborgenes aufdeckt, Verschlossenes aufreißt, Innerstes fühlbar macht, die mahnt – erzählt – erschüttert – beglückt. [...] Die Schönheit in der Kunst schließt das Gegensätzliche ein und heißt Wahrheit und kann beklemmend sein. [...] Wir Musiker haben eine machtvolle, ja heilige Sprache zu verwalten. Wir müssen alles tun, dass sie nicht verloren geht im Sog der materialistischen Entwicklung. [...] Die Kunst ist eben keine hübsche Zuwaage, sie ist die Nabelschnur, die uns mit dem Göttlichen verbindet.« Das sagte der 2016 verstorbene Dirigent *Nikolaus Harnoncourt* in seiner Rede zur Eröffnung der Salzburger Festspiele 1995.[126]

Genie und Inspiration

Musik fällt nicht vom Himmel. Sie wird »gezeugt«. Von sterblichen Menschen. Von, wie wir reichlich phantasielos und trocken zu sagen pflegen, »Komponisten« (wörtlich: einem »Zusammensteller«). Einer der ganz Großen unter diesen »Zusammenstellern« war *Ludwig van Beethoven*. Auf dem Schreibtisch des Komponisten stand, von ihm selbst geschrieben, ein gerahmtes Täfelchen mit folgenden Worten:

»ICH BIN was da ist«
»ICH BIN alles, was ist, was war und was sein wird.
Kein sterblicher Mensch hat meinen Schleier aufgehoben.«
»ER IST einzig von IHM SELBST, und diesem EINZIGEN sind alle Dinge ihr Dasein schuldig.«

Diese mystischen Sätze über das Wesen Gottes, den Namen Gottes, hat er sich ständig vor Augen gehalten. Zu *Bettina von Brentano* sagte er einmal: »Ich weiß, dass Gott mir näher ist als anderen meiner Zunft. Ich verkehre mit ihm ohne Furcht« (1810[127]).

Die letzten zehn Jahre seines Lebens war *Beethoven* völlig taub. »Kennt ihr einen / der euch der Unglückseligste / aller Sterblichen scheinet / ich bin ihm gleich zu achten / an Elend«, notiert er ins Tagebuch. An seinen Freund *Franz Wegeler* schrieb er: »Ich will dem Schicksal in den Rachen greifen, ganz niederbeugen soll es mich gewiss nicht.« Nach eigenen Aussagen war es die Musik selbst, die ihn am Leben erhielt und ihm die Kraft einflößte, das Energiefeld seines Lebens aufgespannt zu halten. »Zusammengeraffter, energischer, inniger habe ich noch keinen Künstler gesehen«, schilderte ihn *Goethe*.[128]

Beethoven kannte *Arthur Schopenhauers* Gedanken zur Musik: »Keine Kunst wirkt auf den Menschen so unmittelbar, so tief ein, als die Musik, weil keine uns das wahre Wesen der Welt so tief und unmittelbar erkennen lässt, als diese. Das Anhören einer großen, vollstimmigen und schönen Musik ist gleichsam ein Bad des Geistes; es spült alles Unreine, alles Kleinliche, alles Schlechte weg, stimmt Jeden hinauf auf die höchste geistige Stufe, die seine Natur zulässt.«[129] *Schopenhauer* hatte in seinem Werk »Die Welt als Wille und Vorstellung« der Musik ein langes Kapitel gewidmet. »Die Musik ist darin von allen anderen Künsten verschieden, dass sie nicht Abbild der Erscheinung oder, richtiger, der adäquaten Objektivität des Willens, sondern unmittelbar Abbild des Willens selbst ist und also zu allem Physischen der Welt das Metaphysische, zu aller Erscheinung das Ding an sich darstellt. Man könnte demnach die Welt ebenso wohl verkörperte Musik, als verkörperten Willen nennen«, als »wahre Philosophie«.[130] *Beethoven* ging noch einen Schritt weiter: Musik sei höhere Offenbarung als die Philosophie, sei »der einzige unverkörperte Eingang in eine höhere Welt des Wissens,

[…] Ahnung und Inspiration himmlischer Wissenschaften, […] höhere Offenbarung als alle Weisheit und Philosophie.«[131]

Beethoven war bereits als 28-Jähriger schwerhörig. Ob das Ohrenleiden erblich bedingt war durch den Alkoholismus seines Vaters, ist nicht mehr zu klären. Immerhin haben neuere Studien gezeigt, dass sich übermäßiger Alkoholkonsum negativ auf die Qualität der Spermien auswirken kann.[132] Mit 32 Jahren schrieb *Beethoven* an seinen Arzt: »So bald ich tot bin, […] bittet ihn [seinen Arzt] in meinem Namen, daß er meine Krankheit beschreibe, […] damit wenigstens soviel als möglich die Welt nach meinem Tode mit mir versöhnt werde.« 1805 komponiert der 35-Jährige die ersten Skizzen für die 5. Sinfonie (Op. 67/1, 1807/8). Bekannt ist das Pochmotiv (Da-da-da-daa). Der Text dazu lautet: »So klopft das Schicksal an unsere Seele.«[133] Und: »Meine Ohren, die sausen und brausen Tag und Nacht fort. Ich kann sagen, ich bringe mein Leben elend zu. Seit zwei Jahren meide ich alle Gesellschaften, weils mir nun nicht möglich ist, den Leuten zu sagen: ich bin taub. Hätte ich irgend ein anderes Fach, so gings noch eher. Aber in meinem Fach ist das ein schrecklicher Zustand.«[134]

Neben der Taubheit und stetig sich verstärkendem Tinnitus plagten ihn häufige Koliken, Katarrhe und rheumatische Anfälle und eine nicht genauer beschriebene Augenkrankheit. 1825 zwang ihn eine schwere »Gedärmentzündung« aufs Krankenlager. Keines der folgenden Jahre verging ohne Fieberanfälle und wühlende Schmerzen, ohne Trink- und Badekuren in Karlsbad, Franzensbrunn (heute Franzensbad), Teplitz, Heiligenstadt und anderen Badeorten. Schon eine leichte Unaufmerksamkeit der Dienstboten bei der Zubereitung der Diät oder ein unzulänglich geheizter Ofen zwangen ihn aufs Krankenlager.

Ludwig van Beethoven starb im 57. Lebensjahr an Leberzirrhose. Die Ursache der Leberschrumpfung war, wie bei den meisten Patienten, eine Kombination mehrerer Schädigungen. Eine durch über 30 Jahre chronisch verlaufende Verdauungskrankheit, schlechte Ernährung, zunehmender Alkoholkonsum sowie eine infektiöse Leberentzündung führten schließlich zum Zusammenbruch der Leberfunktion.[135]

Wie kann ein Mensch wie *Beethoven*, der ein Leben lang physisch und zunehmend auch psychisch schwer krank ist, ein derart komplexes Werk mit dermaßen vielen Klangfarben schaffen? Was geht in einem rastlos umherreisenden Menschen wie *Mozart* vor, der schon mit elf Jahren seine erste Oper schrieb[136] und der bei seinem frühen Tod mit 36 Jahren ein Werk hinterließ, von dem der bekannte Dirigent *Georg Solti* sagte, es lasse ihn an Gott glauben[137]? Wie konnte ein *Franz Schubert*, der von häufigen Schwindelanfällen und unerträglichen Kopfschmerzen geplagt wurde, der 6 Jahre an Syphilis litt[138], der schließ9ch infolge einer Typhusinfektion »eine Straße« gehen musste, »die noch keiner ging zurück«, derart ergreifende Werke schaffen wie die »Unvollendete« oder die »Winterreise«? Was ging im Gehirn dieser Komponisten vor? Wer oder was hat sie inspiriert?

Wie ist es zu erklären, dass ein schwer Leidender mit der »Ode an die Freude« in seiner Neunten Symphonie einen solchen Freudentaumel komponiert, den er selber nicht einmal hören kann, der aber seitdem Generationen von Menschen geradezu in Euphorie versetzen kann? Am Weihnachtstag 1989, knapp zwei Monate nach dem Fall der Berliner Mauer, wurde diese Symphonie unter dem Amerikaner *Leonard Bernstein* im Ost-Berliner Schauspielhaus als Dank- und Freudenhymne aufgeführt. Im Finalsatz »Freude, schöner Götterfunke« ersetzte *Bernstein* das Wort »Freude« durch »Freiheit«. Und er, ein jüdischer Dirigent, lud zu den Symphonikern des Bayerischen Rundfunks noch Orchestermusiker aus Paris, London, New York und Leningrad ein – Musiker aus Ländern der alliierten Kriegsmächte gegen Hitler-Deutschland. Die Originalpartitur von *Beethovens* Neunter wurde 2001 in das Weltdokumentenerbe der UNESCO aufgenommen. Seit 1985 ist die Instrumentalversion der Ode an die Freude die offizielle Hymne der Europäischen Union.[139]

Im Juli 2015 äußerte der emeritierte Papst *Benedikt XVI.* anlässlich der Verleihung einer Ehrendoktorwürde einige bemerkenswerte Gedanken über die Musik: »Was ist das überhaupt – Musik? Was ist ihr Woher und was ist ihr Wozu? Ich denke, man könne drei Ursprungsorte der Musik ausmachen.

- Ein erster Ursprung ist die Erfahrung der Liebe. Wenn Menschen von der Liebe ergriffen wurden, ging eine andere Dimension des Seins auf, eine neue Größe und Weite der Wirklichkeit. Und die drängte auch zu einer neuen Weise sich auszudrücken. Poesie, Gesang und Musik überhaupt sind ganz von selbst durch dieses Getroffensein, durch dieses Eröffnetsein einer neuen Dimension des Lebens entstanden.
- Ein zweiter Ursprungort der Musik ist die Erfahrung der Trauer, die Berührung durch den Tod, durch Leid und die Abgründe des Daseins. Auch hier eröffnen sich, nach der anderen Seite hin, neue Dimensionen der Wirklichkeit, die mit dem Reden allein nicht mehr beantwortet werden können.
- Endlich der dritte Ursprungsort der Musik ist die Begegnung mit dem Göttlichen, die von Anfang an zum Menschsein gehört. Hier erst recht ist das ganz Andere und Große da, das im Menschen neue Weisen hervorruft sich auszu-

drücken. Vielleicht kann man sagen, dass in Wirklichkeit auch in den beiden anderen Bereichen – Liebe und Tod – uns das göttliche Geheimnis berührt und in diesem Sinn insgesamt das Angerührtwerden von Gott Ursprung der Musik ist.«[140]

Brauch und Missbrauch

Leistung des Gehirns

Dass Töne zu Musik werden, ist das Verdienst einer enormen Analyseleistung des Gehirns: Es ordnet scheinbar mühelos ein kompliziertes Gemisch aus Schallwellen einzelnen Instrumenten und Stimmen zu und erkennt darin musikalische Phrasen und Motive. Diese Leistung wird nicht von einem spezialisierten »Musikzentrum« vollbracht, vielmehr arbeiten hier verschiedene Areale des gesamten Gehirns zusammen.

Therapeutische Wirkungen

Das Geheimnis der Rhythmen und Melodien beschäftigt inzwischen auch Neurowissenschaftler, Psychologen und Evolutionsforscher, die daran Gehirnentwicklung und Menschwerdung zu erklären suchen: Woher kommt der unwiderstehliche Sog, den manche Klänge auf uns ausüben? Warum berühren uns bestimmte Melodien und Harmonien, während uns andere kalt lassen? Musik wirkt in allen Gehirnregionen, sie kann tiefe Emotionen hervorrufen und empathische Gefühle wecken. Deshalb nutzen seit einiger Zeit auch Ärzte und Therapeuten ihre merkwürdigen Kräfte. Musik kann Schmerzen lindern, Erinnerungen wachrufen, psychische Barrieren überwinden und Kommunikation ermöglichen. Manche Menschen lernen nach einem Schlaganfall oder einem Hirntrauma zusammen mit einem Therapeuten am Klavier, ihre Bewegungen wieder zu koordinieren. Bei Menschen mit Alzheimer oder anderen Demenzerkrankungen kann gemeinsames Singen Verhaltensstörungen wie Aggressionen mildern. Die richtig ausgesuchte und »ansprechende« Musik kann verschüttete Erinnerungen zurückholen und dem Leben wieder einen emotionalen Halt geben. So eng verwoben scheint Musik mit unserer Biografie, dass sie als emotionaler Kern selbst dann zurückbleibt, wenn andere Teile der Persönlichkeit bereits bröckeln und die Erinnerungen dahinschwinden. Wegen ihrer stimmungsaufhellenden Wirkung wird Musik sogar als Mittel zur systematischen Behandlung von Depressionen erprobt. Studien haben ergeben, dass Menschen in Altersheimen weniger unter Depressionen litten, wenn ihnen eine halbe Stunde am Tag ihre Lieblingsmusik vorgespielt wurde.[141]

Musik und Tiere

Viele Landwirte schwören darauf, dass mit der richtigen Musik auch bei Tieren vieles besser geht. Um die britische Milchproduktion anzukurbeln, wurde schon vor 20 Jahren eine Großstudie mit Kühen durchgeführt. Tag für Tag bekamen rund tausend Tiere in ihrem Stall zwölf Stunden lang schnelle oder langsame Musik verschiedener Stilrichtungen vorgespielt. Gemächliche Titel ließen die Milchausbeute im Vergleich zu musiklosen Tagen um durchschnittlich drei Prozent ansteigen. Ganz oben stand klassische Musik wie *Ludwig van Beethovens* »Pastorale«.[142]

Dass Kühe von *Beethovens* Musik wortwörtlich *an*-gezogen werden und sich beim Anhören wohlfühlen, konnte ich selbst erleben. Wir standen mit unserem Campingmobil am Rand einer Wiese, auf der Kühe weideten. Wir hatten Campingtisch und -stühle aufgebaut und wollten bei den Klängen von *Beethovens* »Eroica« und einem Glas Rotwein den Blick auf den Mont-Saint-Michel genießen. Kaum war das Allegro des Ersten Satzes erklungen, als sich eine Kuh erhob, langsam auf uns zutrottete und sich wenige Meter entfernt von uns niederließ. Bis zum Ende der Symphonie hörte sie aufmerksam zu und marschierte danach wieder zu ihrer Herde.

Aggressive Wirkungen

Grundlegend bietet aggressive Musik den meist jugendlichen Hörern Möglichkeiten der Identifikation und Identitätsfindung, der Abgrenzung und Tabuüberschreitung, der Gruppenbildung und Gruppenidentität. Psychische Aspekte der Identifizierung mit Aggression und Gewalt, des sich Verstanden-Fühlens mit eigenen, oft diffusen aggressiven Gefühlen, der Zugehörigkeit zu einer Gruppe Gleichgesinnter und Gleichgestimmter sowie der Abgrenzung gegenüber der Welt der Erwachsenen kommen hier genauso zum Tragen, wie Aspekte der Provokation und Tabuüberschreitung, der Neugierde und des Experimentierens mit Grenzerfahrungen und des emotionalen Kicks.

Musik und Gewalt

Wenn von Musik und Gewalt die Rede ist, kann sich Gewalt zum einen auf den Musikstil beziehen, der als »gewaltassoziiert« bezeichnet wird; hier werden Punk, Heavy Metal, Hip-Hop, Rechtsrock und Ähnliches genannt. Gewalt bezieht sich aber auch auf gewaltverherrlichende Texte, zu denen eine aufputschende Musik komponiert wird. Im Nationalsozialismus spielte die Musik eine wichtige Rolle. Sie sollte die Menschen nicht nur unterhalten und von den Repressionen des totalitären Systems ablenken. Sie diente auch als geistig-ideologische Waffe. Militärmärsche, Kampflieder, dumpfer Trommelwirbel und Fanfarenklänge sollten den Kampfgeist schüren. In dem 1935 herausgegebenen weitverbreiteten Schulliederbuch der deutschen Jugend »Singkamerad« sind nicht weniger als 15 Lieder direkt auf die Verherrlichung *Hitlers* ausgerichtet. Von den 162 Liedern des offiziellen Hitlerjugend-Liederbuchs wiesen 72 Stücke ein kriegerisches Tötungsmotiv auf und 74 glorifizierten den Heldentod. Für die 2006 verstorbene Journalistin *Carola Stern* (*1925), damals eine überzeugte BDM-Führerin, stellt sich in ihrer Erinnerung die Zeit des Nationalsozialismus als regelrechte »Singediktatur« dar: »Es wurde ständig gesungen. Beim Ummarsch im Dorf, im Zeltlager, beim Lagerfeuer, bei Morgenfeiern.« Als der im elsässischen Straßburg geborene Maler und Zeichner *Tomi Ungerer* (1931–2019) zu diesem Thema befragt wurde, sagte er, die NS-Lieder seien ihm wie den anderen Kindern und Jugendlichen damals »eingespritzt worden wie eine Droge«. Sie seien ihm, da Drogen bekanntlich süchtig machen, »noch zwanzig, dreißig Jahre im Hirn« geblieben.[143]

Der göttliche Bereich

Angesichts der großen ungelösten Rätsel der Naturwissenschaften und der Erkenntnisse der Sozialwissenschaften stellen sich für jeden Zeitgenossen viele Fragen. Auch Atheisten und konfessionslose Agnostiker müssen sich fragen, ob wirklich alles nur aus »Zufall und Notwendigkeit« (*Jean Jacques Monod*) entstanden ist oder ob sich hinter allen unerklärten (und unerklärbaren?) Rätseln der Natur eine transzendente, alles übersteigende und umfassende Kraft verbergen könnte. Ist das Universum getragen von einem undurchdringlichen Geheimnis als letztem und tiefstem Grund? »Die Entscheidung für oder gegen die Annahme einer Transzendenz ist eine intime Frage des jeweiligen Ich, [...] intimer noch als andere Fragen: Kann ich mich mit der mir gegebenen Endlichkeit bescheiden, von der ich glaube, dass sie nicht zu überschreiten ist, oder will ich mich in eine mögliche Unendlichkeit eingebettet glauben, in der auch ein anderes Leben möglich ist?« Es sei zu bedauern, dass Gott oft »nicht einmal mehr einer Auseinandersetzung für wert befunden wird« (*Wilhelm Schmid*[144]).

Sehr aufschlussreich sind die Ergebnisse einer Bitte der Zeitschrift Publik Forum an ihre Leserinnen und Leser, der Redaktion mitzuteilen, wer »Gott« für sie sei. Eine Auswahl der dazu eingegangenen Antworten wurde veröffentlicht[145]. Die Vielgestalt der Antworten offenbart eine ehrliche Scheu vor dem letzten und tiefsten Geheimnis der Wirklichkeit schlechthin, einen bemerkenswerten Respekt vor dem hier zur Sprache Gebrachten, ein dem Geheimnis angemessenes vorsichtiges Tasten nach dem Neuen und Anderen. »Gott« ist unbegreiflich, unfassbar, unnahbar. Er ist Grund, Mitte und Ziel alles Seienden und allen Seins. Von ihm kann nur in Gleichnissen, Bildern, Vorstellungen, in Metaphern, Chiffren und Symbolen geredet werden, die allesamt nur eine Perspektive zeigen: »Gott ist für mich wie ..., in Wirklichkeit ist er aber ganz anders.«

Der Zugang zu Gott ist für viele heute versperrt durch theologische Begriffe, die einer gänzlich anderen, längst vergangenen Denkwelt entnommen und darum unverständlich geworden sind – ein Gott in drei Personen, allmächtig, allwissend, allgegenwärtig usw. Aufgabe heutiger Theologie und erst recht Aufgabe der Religionspädagogik ist es, diesen Zugang wieder frei zu machen.

Ich möchte einige Aspekte der jüdisch-christlichen Überlieferung aufgreifen, die von Bedeutung für das heutige Gottesbild sein könnten. Die Bibel erzählt von Menschen, die bestimmte merkwürdige, bedenkenswerte Erfahrungen, die sie in ihrem Leben gemacht haben, einer namenlosen Gottheit zuschrieben, die – so sahen sie es – rettend und befreiend in ihr Leben eingriff und sich nachhaltig als verlässlich und hilfreich erwies.

JHWH, der Namenlose

Etwas zu benennen, heißt nach antiker Vorstellung: Macht über das Benannte gewinnen. Durch Anrufung des Namens kann eine Person herbeigerufen oder vergegenwärtigt werden. Bei überirdischen Wesen und bei Göttern geschieht das durch Zaubersprüche, Beschwörungen oder Bannungen, durch Fluch oder Segen.

Namenlosigkeit bedeutet, dass das Wesen der Gottheit nicht begreifbar und damit auch nicht greifbar ist. Die Bibel erzählt davon, dass *Mose* den ihm im brennenden Dornbusch erscheinenden Gott gefragt habe, wie er ihnen benennen soll:

»Mose trieb die Tiere durch die Wüste hindurch, so kam er an den Gottesberg Horeb. Da erschien ihm Sein Bote in einer Flamme mitten im Dorngebüsch. Er guckte: Der Dornstrauch brannte lichterloh, aber er verbrannte dabei nicht. Mose dachte: ›Da muss ich hin; ich will diese unglaubliche Erscheinung sehen! Warum verbrennt denn der Dornstrauch nicht?‹ SIE sah, dass Mose herankam um nachzuschauen. Darum rief die Gottheit ihn an, mitten aus dem Dornbusch: ›Mose, Mose!‹ Der erwiderte: ›Ja, ich höre!‹ Gott sagte: ›Komm nicht zu nahe heran! Zieh die Sandalen aus, denn der Ort, an dem du stehst, ist heiliger Grund.‹ Und weiter: ›Ich bin die Gottheit deiner Eltern, Gott Abrahams, Gott Isaaks, Gott Jakobs und ihrer Frauen!‹ Mose bedeckte sofort sein Gesicht, denn er hatte Angst, die Gottheit anzusehen. ER sagte: ›Ich habe das Elend meines Volkes in Ägypten sehr wohl bemerkt. Deshalb bin ich heruntergekommen. Ich will sie aus diesem Staat hier hinausbringen in ein gutes und weites Land, das von Milch und Honig trieft. Auf, ich schicke dich zu Pharao; du wirst mein Volk Israel aus Ägypten hinausführen.‹ Mose antwortete Gott: ›Wer bin ich denn, dass ich mir nichts dir nichts die Israelitinnen und Israeliten aus Ägypten hinausbringen könnte?‹ Gott sagte: ›Ich stehe dir doch zur Seite!‹ Mose sagte zu Gott: ›Wenn ich aber zur Gemeinde Israel zurückkomme dann werden sie fragen: ›Wie heißt SIE?‹ Was soll ich ihnen da antworten?‹ Gott erwiderte Mose: ›Ich bin da, weil ich da bin!‹ ER sagte: ›Das sollst du den Israeliten mitteilen: ICH-BIN-DA hat mich zu euch geschickt. Das ist mein Name für alle Zeit; mit ihm sollen alle Generationen sich an mich erinnern.‹« (Vgl. Ex 3,1–15)

Der »Name« dieses Nomadengottes, der hier auf Deutsch mit »Ich bin da, weil ich da bin« bzw. ICH-BIN-DA wiedergegeben wird, lautet im hebräischen Urtext »Jahwe«. Oder genauer JHWH, denn das Hebräische kennt keine Vokale, sondern nur Konsonanten. Ich habe hier die Übersetzung der »Bibel in gerechter Sprache«[146] gewählt, weil darin die Geschlechtslosigkeit JHWHs deutlich zum Ausdruck gebracht wird durch den Wechsel von masculin (ER) und feminin (SIE). Als bisher ältester außerbiblischer Beleg des Gottesnamens »JHWH« darf eine Liste von besiegten Fremdländern und Fremdvölkern gelten, die Pharao *Amenophis III.* (1417–1379 v. Chr.) in einem Tempel anbringen ließ. Sie erwähnen die Volksgruppe der »Schasu-Jahu« als »Unruhestifter« im ägyptischen Herrschaftsgebiet. *Schasu* ist eine ägyptische Bezeichnung für die Halbnomaden und bedeutet »durchwandern, durchschreiten«. Bei *Jahu* handelt es sich um eine Ortsangabe, die klarmachen sollte, um welche Region es sich handelt – wahrscheinlich ein Gebiet östlich des Araba-Grabens, im heutigen Grenzgebiet zwischen Israel und Jordanien, oder in Nordarabien. Jordanien-Touristen besuchen heute gern das in die Welterbe-Liste aufgenommene Wadi Rum mit seinen eindrucksvollen Felsformationen aus Sandstein und Granit. Dieses Wadi wurde in der Zeit *Ramses II.* (1304–1237 v. Chr.) als »Schasuland Jahwe« bezeichnet.

Nach der Erwähnung in der ägyptischen Schasu-Jahu-Inschrift vergehen fünfhundert Jahre, bis der Gottesname erneut auftaucht. Wissenschaftler entziffern ihn auf einer moabitischen Stele, die um 850 v. Chr. »die Altäre JHWHs« und den »König von Israel« erwähnt. Das ist die früheste historisch nachweisbare Verbindung zwischen JHWH und dem »Volk Israel«. Allgemein scheint der Gott der historischen Quellen nicht viel mit dem bekannten späteren Gottesbild zu tun zu haben.

Da auch nach einer alten biblischen Tradition JHWH als »Gott aus dem Sinai« bezeichnet wird (Ri 5; Ps 68,8–11; Dtn 33,2), ist es durchaus denkbar, dass der Name »JHWH« für dieses Wüsten- und Berggebiet zwischen dem Toten und dem Roten Meer zugleich der Name des Gottes sein könnte, als dessen Schutzgebiet oder Eigentum diese Landschaft betrachtet wird.[147] »Sinai« darf hier also nicht als Berg verstanden werden, sondern als Region. Auch heute noch heißt ja das Gebiet zwischen dem Mittelmeer und Rotem Meer »Halbinsel Sinai«.

Versucht man, die »Herkunft« JHWHs zu beschreiben, so drängen sich von den in Ri 5,4 gebrauchten Bildern her drei Aspekte auf:
- »JHWHs Kommen lässt die Berge erbeben, das heißt, es ist ein Schrecken hervorrufendes und die üblichen Welt- und Lebenssituationen erschütterndes Kommen.
- JHWHs Kommen hat zur Folge, dass die Himmel ›tropfen‹, ›triefen‹, das heißt, es bewirkt geheimnisvolle Fruchtbarkeit und Fülle des Lebens.
- Der JHWH aus Sinai ist kein lokal begrenzter Gott, sondern ein Gott, der seine Heimat auch verlassen kann, um sich zu offenbaren«[148].

Eine genaue Übersetzung des Gottes-»Namens« JHWH erweist sich als schwierig. Er wird in verschiedenen Bibelübersetzungen und von verschiedenen Exegeten und Exegetinnen ganz unterschiedlich übersetzt. Einige Beispiele: Ich bin da / Ich geschehe / Ich bin, der Ich-bin / Ich bin, der ich bin / Ich bin, was ich bin / Ich bin der Ich bin da / Ich bin, was ich sein werde

/ Ich werde sein, was ich bin / Ich bin da, als der ich da bin / Ich bin der Ich-bin-da-für euch / Ich werde sein, der ich sein werde / Ich werde sein, wer immer ich sein werde / Ich werde da sein als der ich da sein werde.[149]

Fasst man diese verschiedenen Deutungen zusammen, so könnte »JHWH« gedeutet werden als

- ein Hinweis darauf, dass Gottes Wesen sich nicht festlegen und nicht definieren lässt,
- ausweichende Antwort, im Sinne von »Welcher Art ich bin, geht dich gar nichts an, sondern nur mich. Ich werde tun, was mir gefällt«,
- eine schroffe Zurückweisung für Mose im Sinne von »Lass mich gefälligst sein, was ich sein will!«,
- Versprechen im Sinne von »Ich werde für euch da sein.«

»JHWH« ist nicht eine Wesensbeschreibung. Darum ist das »Ich bin, der ich bin« in der neuen Einheitsübersetzung irreführend. Gott antwortet: »Du musst dich gedulden. Mein Wesen kann man nur im Nachhinein verstehen. Auf mein Wesen musst du aus meinem Wirken schließen, weil ich nämlich stets gemäß meines Namens / Wesens wirke. Aber, keine Angst, das ist keine Ausflucht: Ich *werde* wirken! Ich werde mich als für euch und mit euch Handelnder erweisen.«

Die Neue (katholische) Einheitsübersetzung gibt den hebräischen Gottesnamen JHWH mit HERR wieder. Dazu bemerkt der katholische Pastoraltheologe *Ottmar Fuchs*: »Der notwendige Respekt vor dem Jüdischen Gottesverständnis hätte sich mit einem analogen Respekt vor den Frauen verbinden können, vor allem jenen, denen das Herrsein Gottes allüberall schon längst auf die Nerven geht und die sich dabei auf die Lehre von der Übergeschlechtlichkeit Gottes berufen können. Denn es ist ja gerade eine aktuelle Ernstnahme der heiligen Geheimnishaftigkeit Gottes, seinen Namen nicht mit den ›Vokalen‹ eines Herr-sein-Wortes zu vereindeutigen. ... Mehr und sensiblere Phantasie wäre hier nötig gewesen. Hier hat sich die ›Übersetzung in gerechter Sprache‹ mehr Mühe gemacht.[150] Mir schlägt das Herr-Gerede zunehmend auf den Magen, nicht nur in Solidarität mit den Frauen, sondern auch in Solidarität mit Gottes unendlicher Weite selbst.«[151]

Der Mitwandernde

»JHWH« kann als Aufruf verstanden werden, immer wieder in den unterschiedlichsten Situationen nach dem sich verbergenden und offenbarenden Gott zu suchen. Gott, der unsichtbar heran-»weht« – das sind ganz neue Aspekte der Gotteserfahrung. Während in allen vorangegangenen und außerhalb Israels verbreiteten Religionen Gott als der statisch an heiliger Stätte weilende, kultisch verehrt und angerufen wird, erscheint er nun als der Mitgehende, in unterschiedlichen Situationen Erfahrbare. Er ist da. Hier und jetzt, da und dort. Aus der Verborgenheit spricht er die Menschen an. Unsichtbar begleitet er sein Volk.

Gott hat ihm ein neues Land versprochen. Sie sollen ihm folgen. Er will sie dorthin führen. Die Mose-Schar folgt dem Ruf und verlässt die Stadt des Pharaos Ramses. Das Volk Gottes ist auf dem Weg Gottes, aber dieser Weg führt nicht direkt ins verheißene Land. Zuerst geht es in die Wüste. Wer aufbricht zu etwas Neuem, Unbekanntem, geht ein riskantes Wagnis ein. Er begibt sich in die »Wüste«, in weglose Weite. Gott erspart seinen »Auserwählten« nicht die Wüste. Sie müssen durch Sand und über Steine laufen. Sie müssen wandern, wo es noch keine Wege gibt. Sie müssen Sandstürme aushalten. Der Sand wird ihnen in die Augen blasen. Aber sie müssen die Augen offen halten, um den Weg zu finden. Sie werden Durst und Hunger kennenlernen. Das Ziel ist irgendwo am Horizont. Und der liegt weit weg. Er kommt nicht näher, mag man auch noch so viele Schritte gehen.

Das Volk findet nicht den kürzesten und direkten Weg. Umwege werden gegangen. Manchmal dauert es eine Weile, bis man den rechten Weg gefunden hat, bis man wieder auf den rechten Weg gelangt ist. Da macht sich Ermüdung breit. Erschöpfung von der langen Wanderschaft, von dem nicht enden wollenden Weg, von der immer stärker nagenden Ungewissheit, ob das Ziel überhaupt zu erreichen ist. Und manche seufzen dann: »*Ach wären wir doch in Ägypten geblieben.*« Sie sehnen sich nach den »Fleischtöpfen Ägyptens.« Die Vergangenheit wird verklärt. »Wären wir doch gar nicht aufgebrochen!« »Wenn es Gottes Ziel ist, wenn es Gottes Weg ist, warum führt er uns durch diese Wüste?« Und manche wollen resignieren. Leichte Wege wollen sie gerne mit Gott gehen. Aber in der Wüste durchhalten, keinen Fortschritt sehen, das ist schwer auszuhalten.

Aber »der Herr zog vor ihnen her, am Tage in einer Wolkensäule, um sie den rechten Weg zu führen, und bei Nacht in einer Feuersäule, um ihnen zu leuchten, damit sie Tag und Nacht wandern konnten. Niemals wich die Wolkensäule von dem Volk bei Tage noch die Feuersäule bei Nacht« (Ex 13, 21.22). Es ist müßig, hier zu fragen, ob es sich dabei um ein Naturphänomen gehandelt habe – etwa um einen Wirbelwind, der den feinen Sand in die Höhe zieht, des Nachts leuchten die Sandkörner, wenn sie vom Mond angestrahlt werden. Möglicherweise diente ein solches Naturphänomen, das man sich nicht erklären konnte, als Anknüpfungspunkt für die Rede von der Wolken- und Feuersäule. Das Entscheidende ist aber der Glaube an die dauerhafte Nähe Gottes, an sein Mitwandern bei Tag und Nacht.

Der Gott der Nomaden kann nicht an einen Ort gebunden sein. Gott ist nicht der Standpunkt, sondern der unermüdliche Beweger. Er wandert mit seiner Gemeinde; und sie erwartet, dass er immer, an jedem Ort, an jedem neu sich auftuenden Horizont für sie da ist. Der Glaube der Nomaden lebt aus der Hoffnung, dass Gott sich zur rechten Zeit zeigen werde. Das ganze Dasein ist provisorisch, *vor*-läufig, nach *vorn* ausgerichtet. Es haftet nicht am Gegenwärtigen; die Erwartung richtet sich auf die Zukunft.

Diese spezifisch israelitisch-jüdische Gotteserfahrung ist wesentlich geprägt von der Nomadenzeit. Der Nomade findet ständig neue Situationen vor, denen er sich anpassen muss, die ihn herausfordern, die ihn vor Probleme stellen. Er wandert einer Hoffnung entgegen. Diese Perspektive lässt die Vergänglichkeit und Bedingtheit des Gegenwärtigen tiefer erfahren als das geruhsame Dasein einer sesshaften Lebensweise. Das Gegenwärtige wird im Nomadendasein als nach vorn gerichtet, noch nicht abgeschlossen erfahren. Aber auch das Vergangene hat seine Bedeutung; es markiert einen Punkt auf dem Wanderweg des Glaubens in die Zukunft. Die Erinnerung an Vergangenes lässt den Zusammenhang von Verheißung und Hoffnung erkennen, zeigt vorläufige Erfüllungen und Erfahrungen auf und macht Mut zum Weitergehen in die Zukunft.

»Gottes Präsenz hatte einen Zweck, nämlich das Weiterwandernkönnen des Volkes Gottes. Gott bleibt in Bewegung, Gott geht voran, wir gehen, bzw. damals: das Volk Gottes geht in Gottes Spuren. Natürlich kann man wegsehen, aber wer geht, muss nach vorne schauen, und vorne ist die Wolken- und Feuersäule zu sehen – dann, wenn man seinen Kopf hebt. Mit aufgerichtetem Haupt sollen die Leute Gottes ihre Wege in die Freiheit gehen. Sich an Gottes Präsenz zu orientieren bedeutet also, einen klaren Blick zu haben für das, was vor einem liegt.«[152]

Sieht man von den biblischen Quellen ab, wird die Lösung des Rätsels allerdings schwieriger. Moderne Forscher gehen davon aus, dass das Exodus-Buch erst mit mehreren hundert Jahren Abstand zur Flucht aus Ägypten geschrieben wurde und daher nicht mehr als gewisse »geografische Erinnerungen« enthalten kann. Für die Person des *Mose*, als Mittler zwischen JHWH und seinen Gläubigen, sieht die Quellenlage noch düsterer aus. In ägyptischen oder anderen außerbiblischen Schriften der Zeit taucht er nicht auf. Versuche, ihn mit historisch verbürgten Würdenträgern zu identifizieren, scheiterten. Dagegen lässt sich recht eindeutig nachweisen, dass *Moses* Geburtsgeschichte als ausgesetztes Kleinkind im Binsenkörbchen aus dem 8. Jahrhundert v. Chr. stammt und deutliche Parallelen zur Legende des mesopotamischen Gottkönigs *Sargon* aufweist. Die zahlreichen Wunder der Exoduserzählung – die zehn Plagen, die Teilung des Meeres, die Feuer- und Rauchsäule, die sich auch als überdauerte Hinweise auf einen Gewittergott lesen lassen – sind spätere Ausschmückungen und »kunstvolle literarische Konstruktion ... im Dienste der Aussage über den mächtigen Gott JHWH« *(Christian Frevel)*. Dazu passt, dass die verschiedenen »naturwissenschaftlichen« Erklärungsmodelle, mit denen besonders amerikanische Kreationisten immer wieder eine Historizität der biblischen Geschichte beweisen wollen, regelmäßig ins Leere laufen. Die ausführlichen ägyptischen Aufzeichnungen enthalten keinerlei Hinweise auf solche wundersamen Ereignisse.

Nicht einmal das »Volk«, das JHWH aus der Gefangenschaft befreit, ist historisch belegt. Zwar gibt es Aufzeichnungen über semitisch sprechende nomadische Einwanderer in Ägypten, aber »keinerlei Beleg dafür, dass Israel als Volksgemeinschaft schon in Ägypten existierte«. Stattdessen könnte ausgerechnet der Name des »auserwählten Volkes« – Israel – in eine ganz andere Richtung deuten. Für den Bibelforscher *Christian Frevel* steht fest, dass »der Name Israel auf den kanaanäischen Gott El weist und nicht auf den Gott JHWH«. *Frevel* geht noch weiter: Auch die Hauptstadt des gelobten Landes, Jerusalem, soll nach einem anderen Gott, dem Gestirnsgott Schalem, benannt sein. Und sogar der erste Tempel wurde ursprünglich für einen unbekannten Sonnengott errichtet. JHWH ist in dieser Lesart »ein Spätling, der sich seine Position im Pantheon erst langsam erarbeitete«[153].

Der in der Geschichte Handelnde

Breit werden im Alten Testament der Auszug aus Ägypten und die so genannte »Landnahme« dargestellt. Doch dieses Bild stellt sich schon bei genauer Lektüre der biblischen Texte als historisch unzutreffend heraus. Ein ganzes Volk kann nicht 40 Jahre lang durch eine Wüste ziehen. Die Eroberung Jerichos durch feierliche Prozessionen, Feldgeschrei und Posaunenklang ist erkennbar kein historischer Bericht. Denn es ließ sich feststellen, dass spätestens seit Beginn des 13. Jahrhunderts v. Chr. Jericho nur noch ein unbewohnter Ruinenhügel war. Ein Zerstörungshorizont ist nicht erkennbar. Auch die Ausgrabungen anderer Städte, die angeblich zerstört worden sein sollen, zeigen für diese Zeit keine Merkmale einer Eroberung.

Man vermutet heute, dass die an der Landnahme beteiligten Gruppen nicht von außen ins Land kamen, sondern größtenteils schon zuvor in Palästina lebten. Das archäologische Material zeigt, dass die neu entstandenen Siedlungen im Bergland von Menschen gegründet wurden, die vorher in Städten lebten. Die Neubesiedlung des Berglands war eine Folge des Zusammenbruchs der bronzezeitlichen Stadtkultur. Da die in der Umgebung einer Stadt lebenden Bauern und Nomaden auf den wirtschaftlichen Austausch und auf vertragliche Regelungen mit den Städtern angewiesen waren, fehlten ihnen nach dem Niedergang der Städte die entsprechenden Partner. Zwangsläufig mussten sie sich dauerhaft sesshaft niederlassen. Dazu wählten sie die zwar schwieriger zu bewirtschaftenden, jedoch außerhalb der ehemaligen Stadtterritorien liegenden Bergregionen.[154]

Zu den im Bergland sesshaft gewordenen Menschen gehörten wahrscheinlich nicht nur Bauern aus der Umgebung der Städte, sondern auch nomadische Gruppen, die vielleicht nur saisonal Kontakt mit der Stadtbevölkerung pflegten. Dazu kamen heimkehrende »Wirtschaftsflüchtlinge«, die in Notzeiten nach Ägypten geflüchtet waren. Eine solche aus Ägypten entwichene »Heimkehrer«-Gruppe dürfte den historischen Kern des Gründungsmythos Israels geliefert haben. Sie brachten auch den JHWH-Glauben als integrierendes Element mit.

Das biblische Israel entstand somit als Mischung von Menschen unterschiedlicher Herkunft und Traditionen. Im Lauf von gut 200 Jahren (ca.1200–1000 v.Chr.) veränderte sich die politische Situation des Landes. Aus einem losen Verbund von Clans wurde unter »König« David um 1000 v. Chr. ein Machtfaktor in der Region, mit dem man rechnen musste.

Die Gotteserfahrung der sesshaften Ackerbauern und Viehzüchter wird nicht durch die Verheißung einer zukünftigen Erfüllung, sondern durch die gegenwärtigen Erscheinungen Gottes bestimmt. Der Sesshafte lebt in einer gewissen Erfülltheit und

Ruhe, nicht ständig auf Zukunft hin unterwegs. Gott erscheint ihm an bestimmten Orten, die dadurch zu heiligen Orten werden. Menschen siedeln sich in der Nähe dieser Orte an und werden zu Wohngenossen der Götter. Der Heiligung der Orte entspricht eine Heiligung der Zeit; sie wird nicht als nach vorn offenes Geschehen, als Geschichte, erfahren, sondern in ihrem Ablauf geordnet. Die Religion des Sesshaften kreist beruhigt im Zyklus der heiligen Jahreszeiten um den an heilige Orte gebundenen Gott. Die Offenbarung Gottes ist geschichtslos. Die Erscheinung Gottes wird zu periodischen, alle Jahre im gleichen Rhythmus wiederkehrenden heiligen Festzeiten gefeiert.

In Israel erweist sich in der Auseinandersetzung zwischen der Religion der sesshaften Kanaaniter und jener der Nomaden der in die Zukunft blickende Verheißungsglaube auf Dauer als die stärkere Macht. Der Gott Israels ist ein Weg-Gott, ein Führungs-Gott, ein Gott, der im Aufbruch begegnet. »Gott erkennen, heißt ihn wiedererkennen. Ihn wiedererkennen aber heißt, ihn in seiner geschichtlichen Treue zu seinen Verheißungen erkennen, ihn darin als denselben und darum ihn selbst erkennen« (*Jürgen Moltmann*[155]).

Die Dynamik des Gottes-»Namens« JHWH steht damit in Spannung zu einer auf bestimmte Kultorte oder Wallfahrtsstätten fixierten Verehrung. Denn er bezieht sich eben gerade nicht auf eine heilige Stätte, an der – und *nur* an der – die Gottheit erfahrbar wird. Die Worte König *Salomos* bringen das bei der Tempelweihe zum Ausdruck: »Wo sollte Gott denn wirklich auf Erden wohnen? Der Himmel und aller Himmel Himmel vermögen dich nicht zu fassen, wie viel weniger dieses Haus, das ich gebaut habe« (1 Kön 8,27). Wer den Wege-Gott JHWH finden will, muss ihn hier oder dort, jetzt oder später suchen. Der JHWH-»Name« ist ein Aufruf, nicht nachzulassen, jeweils neu nach ihm zu fragen – im Geschehen des Alltags und in der großen Politik, in den Begegnungen der Menschen miteinander und in den Schicksalen des eigenen Ich. JHWH, so lehrt die Erzählung, hat sich in seiner Selbstmitteilung auf den Weg zum Menschen gemacht. Das Gleiche wird auch von seinen Ansprechpartnern erwartet: Sie sollen sich auf den Weg machen. JHWH kommt ein Stück weit entgegen, das andere Stück des Weges müssen die Menschen selber gehen.

So verstanden bedeutet der JHWH-»Name«, dass die Gotteserfahrung unlösbar und ausschließlich mit der Geschichte verbunden ist. »Das Alte Testament weiß nur von dem Gott, der in der Geschichte handelt«[156]. Doch der jeweilige »Ort« der Gottesbegegnung wird offen gehalten. Dem israelitischen Frommen wird nicht gesagt: Da oder dort wirst du Gott begegnen, sondern: Vielleicht da, möglicherweise aber auch dort. Der jüdische Theologe und Philosoph *Martin Buber* schreibt dazu: »JHWH sagt hier nicht, dass er unbedingt oder dass er ewig sei, sondern dass er […] bei seinem Volke bleiben, mit ihm gehen, es führen wolle«[157].

JHWH ist ein »Gemeinschaftsprojekt«, in dem Gläubige aus verschiedensten kulturellen und religiösen Hintergründen ihre Hoffnungen, Eindrücke und Erfahrungen mit »dem Göttlichen« wiederfinden konnten. JHWH ist ein Gott in Entwicklung, ein stets »Werdender«, in dem sich unzählige Traditionen und Vorstellungen versammeln. Auch die Wahrnehmung und Verehrung dieses Gottes ist einem ständigen Wandel unterworfen. Trotzdem gilt seine Selbstoffenbarung aus dem Dornbusch noch heute. Besonders in der vielleicht treffendsten modernen Übersetzung als Prozess; ›Ich bin da als der, der ich für euch da sein werde – für immer‹.«[158]

Jesus von Nazaret

Historizität

Unsere gesamte Zeitrechnung orientiert sich an *Jesus*, dem Mann aus Nazaret. Millionen Menschen weltweit zählen sich bis heute zu seinen Nachfolgern. Doch lässt sich schlüssig beweisen, ob er überhaupt gelebt hat? Tatsächlich ist ein Beweis schwer zu führen. Wir reden immerhin von einem Menschen, der bereits vor 2.000 Jahren starb.

Contra

Vorrangig im deutschsprachigen Raum wurde bis etwa 1930 die Ansicht vertreten, *Jesus* von Nazaret sei keine historische Person gewesen. Es gäbe außerhalb der Bibel in antiken Schriften keinerlei gesicherten historischen Aussagen über ihn. Die in den Schriften des frühen Christentums dargestellte Person sei ein Mythos, die über ihn kolportierten Erzählungen seien vorwiegend Legenden, zu denen sich zahlreiche Analogien in der außerchristlichen Mythologie finden lassen.

In neuerer Zeit hat vor allem der britische Evolutionsbiologe *Richard Dawkins* (*1941) die Jesus-Mythos-Theorie wieder aufgegriffen. Etwas ironisch bemerkt er zur Historizität *Jesu:* Es gäbe zweierlei Arten von »Beweisen«: »Erstens wird er in der Bibel beschrieben (so wie etwa auch Noah und Moses), und zweitens glauben die Menschen, dass sich ein Mythos notwendigerweise auf eine historische Person beziehen muss. Den ersten Beweis finde ich unbefriedigend, den zweiten nicht überzeugend.«[159]

Unter Berufung auf *Valerie Tarico*, eine amerikanische Psychologin und Schriftstellerin, nennt er »5 Gründe, die vermuten lassen, dass Jesus nie existiert hat [...]:
1. Es existiert keine einzige säkulare Quelle aus dem ersten Jahrhundert, die die tatsächliche Existenz eines Yeshua ben Yosef belegt.
2. Die frühesten Autoren des Neuen Testaments scheinen keine genauere Kenntnis von der Lebensgeschichte Jesu gehabt zu haben; die Einzelheiten kristallisierten sich erst in späteren Texten heraus.
3. Die Erzählungen des Neuen Testaments nehmen nicht für sich in Anspruch, Berichte aus erster Hand zu sein.
4. Die Evangelien – unsere einzigen Berichte über einen historischen Jesus – widersprechen einander.
5. Heutige Gelehrte, die von sich behaupten, den wahren historischen Jesus entdeckt zu haben, liefern eklatant unterschiedliche Schilderungen seiner Person.«[160]

Pro

Für die Mehrheit der heutigen Forscher steht außer Frage, dass *Jesus* gelebt hat. Wenn wir die gleichen Maßstäbe anlegen wie an andere antike Schriften, die historisches Material enthalten, dann sind an der Existenz *Jesu* genau so viel oder wenig Zweifel berechtigt wie an der Existenz einer großen Zahl anderer antiker Persönlichkeiten, deren Realität als historische Personen nicht in Frage gestellt wird. Allerdings bleiben die Erzählungen über seine Kindheit, seine Wundertaten, Auferstehung und

Himmelfahrt Glaubenssache und sind historisch kaum oder überhaupt nicht zu sichern.

In ihrem Lehrbuch »Der historische Jesus«[161] dokumentieren *Gerd Theißen* und *Annette Merz* alle bekannten antiken Jesusnotizen und ihre historische Erforschung. Sie betonen, dass einige Aussagen darin einzelne aus dem Neuen Testament bekannte Angaben bestätigen: *Jesus* hatte einen Bruder namens *Jakobus*, der eine führende Rolle in der Jerusalemer Urgemeinde spielte; die Urchristen gerieten dort zwischen den Jahren 60 und 70 in Konflikt mit dem Hohen Rat, dem Sanhedrin (*Flavius Josephus*, Antiquitates 20.200). Man erzählte von *Jesus* Wunder (*Josephus*; Talmud, Traktat Sanhedrin 43a), er galt als Lehrer und »weiser Mann« (*Josephus*[162]) oder »weiser König« (*Mara bar Serapion*). Er erhielt den Titel »Christus« (eventuell *Josephus*); in den römischen Notizen ist dieser Titel schon zum Eigennamen geworden. *Josephus, Mara bar Serapion* und *Tacitus* erwähnten den gewaltsamen Tod Jesu. Diese Hinrichtung nach römischem Recht war ein schweres Hindernis für die Verkündigung *Jesu* Christi im römischen Reich, wie es 1 Kor 1,23 bestätigt.

Theißen und *Merz* bewerten diesen Befund wie folgt:
- Die Notizen sind unabhängig voneinander in ganz verschiedenen Kontexten und zu verschiedenen Anlässen entstanden. Gegner, Skeptiker und Sympathisanten des Christentums haben *Jesu* Existenz vorausgesetzt und keinerlei Grund gesehen, sie zu bezweifeln. Dass sie gerade *Jesu* Hinrichtung mit je eigener Darstellung erwähnen, spricht für deren Faktizität, unabhängig davon, ob dieses Wissen von Christen oder aus anderen Quellen stammte. *Josephus* hat wahrscheinlich ein Zusammenwirken von jüdischer Oberschicht und römischem Statthalter, *Mara bar*

Serapion das jüdische Volk, *Tacitus* den römischen Statthalter *Pilatus* für *Jesu* Tod verantwortlich gemacht.
- Dies ist bei aller gebotenen Quellenkritik und Skepsis ein deutliches Zeichen dafür, dass hier unerfindbare Tatsachen überliefert worden sind. Es ist nicht denkbar, dass fehlbare Menschen diese Übereinstimmungen untereinander und mit der christlichen Überlieferung nur zufällig empfangen und weitergegeben oder gemeinsam erfunden haben. Nach allem, was historische Wissenschaft, die immer hypothetisch bleibt, an Gewissheit erreichen kann, ist davon auszugehen:

»Die Zufälligkeit der geschichtlichen Quellen macht uns gewiss, dass wir mit einer historischen Gestalt Kontakt aufnehmen und nicht nur mit der Phantasie früherer Zeiten.«[163]

Die meisten heutigen Historiker und Neutestamentler halten *Jesu* Existenz für gesichert, vor allem weil sie größere Anteile der urchristlichen Evangelien auch unabhängig von der Bewertung außerchristlicher Erwähnungen *Jesu* als historisch zuverlässig beurteilen.[164]

Jesus für Atheisten

1972 veröffentlichte der tschechische Philosoph *Milan Machovec* (1925–2003) ein viel beachtetes Buch mit dem Titel »Jesus für Atheisten«[165]. *Machovec* förderte ganz wesentlich den christlich-marxistischen Dialog. Obwohl er sich selbst als Marxist betrachtete, stand er dem Christentum immer wohlwollend, aber auch fordernd gegenüber. In Gott sah er »die Summe der tiefsten menschlichen Erfahrungen und Sehnsüchte« und fühlte sich gläubigen Christen näher als Atheisten, die keine Transzendenz kennen. »Auch wenn man nicht an eine ›göttliche Offenbarung‹ glaubt, kann man doch zugeben, dass im Christentum gewisse grundlegend wichtige Thesen vom menschlichen Dasein sich phänomenalisierten (was eigentlich schon Feuerbach wusste und Marx nie bezweifelte). Und falls der Marxist des 20. Jahrhunderts dies wieder deutlich weiß, nimmt sein alter Streit mit den ›Idealisten‹ und auch mit den Theologen neue Formen an; von nun an beginnt er mit den christlichen Theologen zu ›wetteifern‹, wie die biblischen Ideale tiefer zu erfassen, zeitgemäßer zu interpretieren, zu beleben, weiterzutragen seien«[166].

Nüchtern analysiert *Machovec* die tiefe Krise der Gegenwart: Es geht um nicht mehr und nicht weniger als um die Rettung der gefährdeten menschlichen Existenz. Und für diese Rettungsaktion findet er dynamische Impulse bei *Jesus*: »Auch für die Ungläubigen und vor allem diejenigen, bei denen der sogenannte ›Unglaube‹ nicht reiner leerer Negativismus ist, sondern Teil einer großen positiven Anstrengung um die Errichtung eines menschenwürdigeren gemeinschaftlichen Lebens (und nur ein solcher Atheismus kann einen positiven Sinn bei Schülern von Marx und Lenin haben) – sie werden sich, wenn nicht alles zusammenstürzen soll, mit größerer Dringlichkeit als bisher der Größe unserer epochalen Krise bewusst werden müssen, einer nicht nur wirtschaftlichen, sondern unsere gesamte europäische Zivilisation und jahrtausendealte Tradition erschütternden Krise. Sie werden sich klarmachen müssen, dass ... es nötig wird, in die Tiefen unserer Tradition zu steigen«[167].

Mit den »Tiefen unserer Tradition« meint *Machovec* vor allem die jüdisch-christliche Überlieferung, die 2.000 Jahre lang unsere europäische Geschichte geprägt hat. Und das bedeutet, personifiziert, die Gestalt des *Jesus* von Nazaret, des Weisheitslehrers, des Vollenders der alttestamentlichen Propheten. Diese Vorgänger des Nazareners, »entdeckten für die Menschheit etwas, was bis zu dieser Zeit überhaupt nicht bekannt war und was vielleicht die gewichtigste Entdeckung der menschlichen Geschichte ist: die Dimension der Zukunft, der lebendigen, mitreißenden Zukunft, die auf den Menschen in seiner Gegenwärtigkeit Anspruch erhebt – und damit erst die Gegenwart in etwas Wahrhaftes, tief Begriffenes verwandelt«[168].

Was die Propheten begannen, hat *Jesus* vollendet. Für ihn heißt die Dimension der Zukunft: Das Königreich Gottes. Ein ungeheurer Umbruch, so sieht es *Jesus,* steht unmittelbar bevor: »Es geht um die endliche positive Umkehrung der Weltkrise, um die Rehabilitierung der Erniedrigten, Leidenden, Versklavten«[169]. *Jesus* hat die Zeitenwende nicht nur gelehrt, sondern gelebt. »Die Lehre Jesu setzte die Welt in Brand ... weil er selbst identisch mit diesem Programm war, weil er selbst mitreißend wirkte«[170]. *Jesus* riss die Menschen mit, weil er die Hoffnung, die Zukunft personalisierte: »Er führt die Menschen hin zu der Erkenntnis, dass diese Zukunft deine Sache ist, hier und jetzt, Angelegenheit eines jeden solcherart ›angesprochenen‹ Ich. In diesem Sinn hat Jesus die Zukunft von den himmlischen Wolken heruntergeholt und sie zur Angelegenheit der täglichen Gegenwart gemacht [...] Die Zukunft ist nicht etwas, das ›kommt‹, irgendwoher aus der Fremde, unabhängig von uns, wie etwa atmosphärische Störungen kommen, sondern die Zukunft ist unsere Sache, und zwar in jedem Augenblick«[171]. Müßig zu fragen, weshalb dieser Impetus so verfälscht wurde. Tatsache ist, dass »ein klaffender Widerspruch besteht« zwischen dem, was *Jesus* und die Jünger erwartet hatten, und dem, was kam. »Sie erwarteten den baldigen eschatologischen Umbruch – es folgte die Geschichte des Christentums. Sie erwarteten das Königreich Gottes – es kam die Kirche. Auch wenn wir die maßvollsten Kriterien verwenden ..., es bleibt trotzdem das Missverhältnis zwischen dem Ideal und den Resultaten – zurückhaltend ausgedrückt – erschütternd«[172].

»Je näher bei Marx, desto näher bei Christus«. Der Marxist *Machovec* stellt sich die Frage, »ob nicht gerade die Schüler von Karl Marx, der 1.800 Jahre nach Jesus zum ersten Mal wieder einen ähnlich weitreichenden Prozess in Bewegung gesetzt hat, [...] mit ähnlichen Sehnsüchten nach radikaler Änderung der gesellschaftlichen Verhältnisse und einer radikal anders gefassten Zukunft, ob diese Schüler nicht eigentlich das größere Recht haben, sich selbst als authentische Fortsetzer des alttestamentlichen Messianismus und der urchristlichen Sehnsucht nach radikaler Änderung zu verstehen«[173].

Hier bricht die gläubige Hoffnung des Marxisten *Milan Machovec* auf, der »die Sache Jesu« zu seiner eigenen gemacht hat: »Es ist also anders als die Christen heute oft meinen: Nicht je weniger einer ›Marxist‹ ist, desto mehr neigt er zum Christentum. Umgekehrt, je tiefer und anspruchsvoller der Marxist sich selbst und die riesige Tragweite seiner Aufgaben versteht, je mehr er Marxist ist, desto tiefer kann er auch aus der jüdisch-christlichen Überlieferung lernen und den Christen als potentiellen Verbündeten und Bruder begrüßen. Nicht also Überläufer und Verräter, sondern Menschen, die dem Wohl der Arbeiterklasse und der lebendigen Zukunft des Marxismus treu geblieben sind, die bereit sind, eventuell dafür auch zu leiden, sind fähig, dem Christentum und den Christen echte Dienste zu leisten, echte, neue Perspektiven zu eröffnen«[174].

Machovec wurde in seiner Hoffnung bitter enttäuscht. Als reformorientierter Professor für Marxismus wurde er Vordenker des Prager Frühlings und nach dessen Niederschlagung vom Staat verfolgt. Er wurde 1970 von der Prager Universität relegiert, unter staatliche Beobachtung gestellt und vielfältigen Repressionen ausgesetzt. Seinen Lebensunterhalt verdiente er sich im Wesentlichen als Organist in einer katholischen Kirche. Trotzdem unterzeichnete er die Charta 77 und wurde dafür mit einem totalen Berufsverbot belegt. Jede materielle Lebensgrundlage wurde ihm entzogen. Sein gesamtes soziales Umfeld wurde unter Druck gesetzt und bedroht, seine Arbeiten beschlagnahmt und vernichtet. Nach dem Ende des Kommunismus erfuhr er eine vollständige Rehabilitation und wurde zur verehrten Integrationsfigur der Neuorientierung. Er starb hoch geehrt, vor allem auch von der jungen Generation. Auf seiner Beerdigung sprach der Prager Weihbischof, der selbst während der kommunistischen Diktatur gemeinsam mit dem früheren Prager Erzbischof *Miloslav Vlk* von 1975 bis 1986 als Fensterputzer gearbeitet hatte, auf Wunsch *Machovec'* das Vaterunser.[175]

Bekenntnisse

Wir wissen nur aus dritter Hand etwas über *Jesus von Nazaret*. Die vier Evangelisten, die von ihm erzählen, haben ihn allesamt nicht persönlich gekannt. Sie haben uns das überliefert, was andere ihnen erzählt haben, und das vielfach noch nach eigenen Interessen und Erfordernissen umgestaltet und ausgeschmückt. Was wir gesichert von ihm wissen, ist ziemlich wenig: (Vermutlich) ältester Sohn einer Handwerkerfamilie, geboren zwischen 7 und 4 vor der Zeitenwende in Nazaret, vermutlich Analphabet, Wanderprediger, von dem eine außergewöhnliche Faszination ausging und der bei seinen Zuhörern und Zuhörerinnen offensichtlich einen nachhaltigen Eindruck hinterließ, hingerichtet im Frühjahr 30 nach der Zeitenwende von der römischen Besatzungsmacht, vermutlich auf Betreiben jüdischer Kollaborateure. Das wirklich Erstaunliche begann erst nach seinem Tod. Die »frohe Botschaft« (griechisch: euangelion) des als gemeiner Verbrecher hingerichteten Unbekannten aus der hintersten römischen Provinz verbreitete sich im gesamten Imperium, wurde schließlich sogar zur Staatsreligion.

Nach den Evangelisten kamen die Theologen und schütteten den (schon von den biblischen Schriftstellern vielfach übermalten – vgl. Johannes) historischen *Jesus* von Nazaret mit einer Flut abstrakter Begriffe zu, die sie der griechischen Philosophie entnahmen und die uns heute fremd und nichtssagend erscheinen und vielfach sogar unverständlich geworden sind: »Gottes eingeborener Sohn, aus dem Vater geboren vor aller Zeit: Gott von Gott, Licht von Licht, wahrer Gott vom wahren Gott, gezeugt, nicht geschaffen, eines Wesens mit dem Vater; durch ihn ist alles geschaffen« (Nicaeno-Konstantinopolitanisches Glaubensbekenntnis). Immerhin: Heute bekennen sich rund 3,6 Milliarden Menschen zum Christentum.

Was Menschen heute an der Gestalt des Mannes aus Nazaret fasziniert, ist vor allem seine vorbildliche Humanität. Bei einer Umfrage unter Hamburger Politikern zum Weihnachtsfest 1999 meinte die damalige Schulsenatorin *Raab* »Für mich ist Jesus Christus ein Vorbild für Nächstenliebe und Zivilcourage«. Der SPD-Abgeordnete *Holger Christier* sah sich selbst als »nicht sehr christlichen Menschen.« Dennoch ist *Jesus Christus* für ihn eine der »wesentlichen Leitfiguren«, die Aussagen der Bergpredigt gehören zum »ethischen Grundfundament« dieser Gesellschaft. Für ein Mitglied der GAL-Fraktion, *Antje Möller,* bedeute »Jesus nicht so viel. Aber die Werte, die er verkörpert, halte ich für genauso wichtig, wie vor 2.000 Jahren.« Den christlichen Begriff der Nächstenliebe übersetzte sie dabei mit »Solidarität«. Für ihren Fraktionskollegen *Manfred Mahr* dagegen wäre »Politik ohne meinen christlichen Hintergrund nicht denkbar«. Die Motivation für sein politisches Engagement leite sich vor allem aus dieser christlichen Grundhaltung her.[176]

Ein sehr persönliches und für viele auch heute maßgebendes und akzeptables Bekenntnis stammt von der Schriftstellerin und Journalistin *Vilma Sturm* (1912–1995):

»Erst spät begegnete ich ihm.

Jesus war lange verstellt von Christus, eingeborenem Sohn, empfangen vom Heiligen Geist, geboren aus der Jungfrau, gestorben, um die Erbschuld zu tilgen, nach seiner Auferstehung zur Rechten Gottes sitzend, richtend die Lebendigen und die Toten, Bräutigam der Kirche, die er sich zu seinem ›mystischen Leib‹ gemacht haben sollte ... Jesus war verstellt von Christus‹ mythologischer Figur.

Heute ist Jesus für mich der Mann aus Nazareth, Bruder der Menschen, der einzige, den sie je gehabt haben, mein Bruder. Der die Unwissenden lehrte, die Kranken heilte, der die Scharen befreite zur Freiheit vom Gesetz, vom tödlichen Buchstaben. Der mit allen zu Tische saß, die von den Mächtigen verachtet werden. Der sich essen ließ und starb wie ein Lamm, als die Stunde kam.

Ich bin in Bann geschlagen von der Erkenntnis, dass seine Lehre, so wie er sie in der Bergpredigt verkündete, die Bedingungen für unsere Zukunft enthält, für ein zukünftiges Zusammenleben der Menschen. Wir werden entweder leben müssen, wie er es vorschlug, oder wir werden nicht mehr leben. Wir werden seine Friedensordnung uns zu Eigen machen müssen, oder wir werden zugrunde gehen. Dass er uns als Zeichen dieser Friedensordnung hinterließ, gemeinsam das Mahl zu halten, erfüllt mich immer wieder mit Freude. Dass Jesus von Nazareth Gottes Sohn ist, gezeugt, nicht geschaffen, eines Wesens mit dem Vater usw., kann ich wohl nicht mehr glauben im Sinn eines festen Fürwahrhaltens. Aber ich hoffe es inständig, mit aller Kraft, hoffe auf seine Wiederkunft, mit der er die Welt, uns alle und mich selber, in ein neues Leben holen wird.«[177]

Weniger persönlich gehalten, aber nicht minder beeindruckend ist das Zeugnis des langjährigen Münsteraner Studentenpfarrers *Ferdinand Kerstiens* (*1933):

1. Jesus von Nazareth stellt den Menschen in die Mitte, den geschundenen, isolierten, kranken, schuldigen Menschen, nicht um ihn bloßzustellen, sondern um ihm neues Leben zu ermöglichen. Sein Zorn und seine Kritik richten sich gegen alle, die Menschen aus ideologischen, gesellschaftlichen und religiösen Vorurteilen heraus oder wegen ihrer Abweichung von scheinbaren Selbstverständlichkeiten menschlichen Verhaltens verachten. Sein Leben bringt die Ordnung von oben und unten, arm und reich, Freund und Feind durcheinander, in der sich die Menschen eingerichtet haben und immer wieder einrichten. Diese Botschaft ist heute so aktuell und so notwendig wie je. Ich bin selber einer von denen, die seine Zuwendung brauchen, und er macht Mut, seine Solidarität mit den Menschen mitzuleben.

2. Jesus von Nazareth verkündet die Solidarität mit den Menschen als Offenbarung des Vaters, Gottes. Das ist das Ärgerniserregende, Umwerfende, Neue: Gott ist – er ist für den Menschen da und nicht der Mensch für Gott. Das hat Konsequenzen für die Kirche, für ihr eigenes Leben, ihren Dienst an den Menschen, ihre gesellschaftliche Diakonie,

theologische und praktische Konsequenzen, die ich ziehen helfen möchte.
3. Jesus von Nazareth hat seine (Gottes-) Liebe zu den Menschen bis hin zur Solidarität im Tod erlebt. Aber dieser Tod war für ihn nicht Schluss, sondern Aufbruch zu neuem Leben bei Gott und für uns. Keine Situation, auch nicht der Tod, ist deswegen so dunkel, dass nicht neues Licht darin aufgehen könnte. Das ist der Grund der Hoffnung, die nicht abwartet und vertröstet, sondern bis zum Äußersten gehen lässt und unsere Welt, die Menschen und die Weise ihres Zusammenlebens jetzt schon verändern soll und kann. ›Hoffen geschieht im Tun des nächsten Schrittes‹ (Karl Barth). So möchte ich leben – in einer sich aus diesem Geist erneuernden Kirche.«[178]

Die hier zitierten Zeugnisse machen deutlich: Was Menschen heute an *Jesus* beeindruckt, ist sein Menschsein.

Jesus war
- ein Mann voller Lauterkeit, unbestechlicher Wahrhaftigkeit und absoluter Klarheit, von gewinnender Güte und einladender Freundlichkeit,
- ein Mensch, bereit zu Versöhnung, zu Frieden, zu Gewaltlosigkeit,
- ein Befreier, der schonungslos ungerechte Strukturen aufzeigte und der den Gefangenen (im umfassenden Sinn!) Befreiung verhieß und bewirkte,
- ein Jude, der das Gesetz, die Tora, radikal ernst nahm und der sich darum nicht oberflächlich an Paragraphen und Buchstaben hielt, sondern an deren Geist,
- ein Freund der Kleinen und Schwachen, der Ohnmächtigen und Benachteiligten, der Armen und Verachteten,

- ein Bruder der Kranken und Aussätzigen, der Besessenen und Geschundenen, der Leidenden und Sterbenden,
- ein Menschenkenner, der hinter die Fassade der Wohlanständigkeit und Frömmelei schaute, der Heuchelei und Heimtücke unnachsichtig entlarvte,
- ein Fresser und Säufer (vgl. Mt 11,18; Lk 5,33), kein finsterer Asket, sondern ein Mensch, der voll Dankbarkeit und Freude die wundervollen Gaben der Schöpfung genossen hat, der freilich auch zu rigorosem Fasten und zu herbem Verzicht bereit war, wenn es die Situation erforderte,
- ein Dienender voller Selbstlosigkeit und Zurückhaltung, Ehrlichkeit und Anstand, Demut und Bescheidenheit,
- ein Lehrer, dem das Wort Gottes über alles ging und bei dem Leben und Lehre nicht auseinanderklafften,
- ein Meister, der bereit war, seinen Schülern auch den niedrigsten Dienst zu erweisen und ihnen die Füße zu waschen,
- ein Spinner (vgl. Mk 3,21), der kompromisslos seinem Gewissen folgte und um seiner Sendung willen Leiden und Tod auf sich nahm,
- ein Besessener von der Liebe zu Gott und den Menschen,
- ein »Sohn Gottes«, der sein ganzes Leben uneingeschränkt in den Dienst des Gottes stellte, den er als »abba«, als lieben Vater, erkannt hatte.[179]

Der humanitäre Impetus, den *Jesus* durch das Zeugnis seines Lebens, seines Wirkens und seines Todes gegeben hat, lebt fort in zahllosen Menschen, die seinem Beispiel gefolgt sind. In fast allen Ländern der Welt sind christliche Hilfswerke aktiv. Die geleistete Hilfe ist vielfältig und richtet sich nach den Bedürfnissen der Menschen vor Ort. Not- und Katastrophenhilfe, Kinder-, Jugend-, Kranken- und Altenbetreuung, Armutsbekämpfung, Vermittlung von Bildung gehören dazu. Darüber hinaus sind sie in den Bereichen Entwicklungszusammenarbeit, Menschenrechte, interreligiöser Dialog und Pastorales tätig. Um der Landflucht der Menschen entgegenzuwirken, setzen die Hilfswerke auf die Förderung der ländlichen Entwicklung. Weitere Schwerpunkte sind das Gesundheitswesen, die Verbesserung der Situation von Frauen und Mädchen, die Berufs- und Erwachsenenbildung, die Unterstützung von Kleinunternehmen, Wohnbauprojekte und Sozialarbeit. Zu den christlichen Hilfswerken kommen zahllose säkulare Hilfsorganisationen hinzu, die ebenfalls mehr oder weniger auf den Impuls des Nazareners zurückzuführen sind.

Die ethischen Maßstäbe bzw. Werte, die Jesus in der Bergpredigt setzt, wirken nicht nur innerhalb des Christentums. Der *Dalai Lama* beispielsweise bezieht sich in seinem »Appell an die Welt«[180] ausdrücklich auf die Bergpredigt und die dort von *Jesus* vertretenen Werte. Er propagiert eine »säkulare« Ethik und setzt sie in ihrer Bedeutung über die Religionen: »Ethik ist wichtiger als Religion«. Und weiter: »Alle Religionen und alle Heiligen Schriften bergen ein Gewaltpotential in sich. Deshalb brauchen wir eine säkulare Ethik jenseits aller Religionen«. Eine provokante Aussage, die vor dem historischen Hintergrund vieler von den Weltreligionen (mit)verursachten Kriege nicht von der Hand zu weisen ist.

Es lohnt sich, die Bergpredigt in der Fassung der »Bibel in gerechter Sprache« im Matthäusevangelium Mt 5-7 nachzulesen. Ihre Aktualität und Universalität über Kulturen, Religionen und Weltregionen hinweg springt überdeutlich ins Bewusstsein.[181]

Was der Mann aus Nazaret während seines kurzen Lebens ins Rollen gebracht hat, kann nur Staunen und Verwundern hervorrufen. Ist das noch mit menschlichen Maßstäben zu erklären? Dieses Menschsein kann und sollte auch heute Maßstab und Leitbild religiöser Erziehung sein. Es wirft aber auch die Frage auf: Wer war dieser *Jesus* wirklich? Was steckt eigentlich hinter dieser Gestalt aus der hintersten römischen Provinz? Was macht das Erfolgsgeheimnis dieses Mannes aus, der, nach menschlichen Maßstäben gemessen, mit seinem Lebenswerk total gescheitert ist?

Der Heidelberger Neutestamentler *Gerd Theißen* schreibt in einer Meditation:

> »Je historischer Jesus in seinem Kontext wird,
> umso menschlicher wird er.
> Umso jüdischer und rebellischer.
> Wem aber passt das
> heute noch
> ins Konzept?«[182]

Nachdenken über »Gott«

Was die Menschen »Gott« nennen

> »…ne Traueranzeige. Ich buchstabiere:
> Von keinem geliebt, von keinem gehasst,
> starb heute nach langem,
> mit himmlischer Geduld ertragenem Leiden:
> GOTT.
> Klein, darunter:
> Die Beisetzung findet heute Nacht in aller Stille auf dem
> St.-Zebedäus-Friedhof statt
> Siehste, denk ich, hat s ihn auch geschnappt, den Alten;
> nu ja …«[183]

So lässt *Wolfdietrich Schnurre* seine Kurzgeschichte »Das Begräbnis« beginnen. Der Autor lässt offen, ob sich die Vokabel »Gott« auf einen Menschen bezieht, der den Nachnamen »Gott« trägt, oder ob der christliche Gott damit gemeint ist. Das Begräbnis wird sehr nüchtern beschrieben: Statt Choralklängen ertönt Harmonikamusik von einem nahe liegenden Quarantänelager. Die Atmosphäre ist überaus trostlos: Es ist dunkel und obendrein regnet es. Zudem scheint das Begräbnis keinen der Anwesenden anzurühren – weder den Totengräber, noch den Pfarrer, noch die »Inspektorin«. Eine Ausnahme stellt lediglich ein Mann dar, der sich wie selbstverständlich zum Begräbnis aufmachte, nachdem er die Traueranzeige gelesen hatte. Die

Geschichte wirkt durch ihre gewollte Kargheit und fast übertriebene Trostlosigkeit sehr anrührend. *Schnurre* schreibt vom Verlust des Glaubens – in der Welt unmittelbar nach dem verheerenden Zweiten Weltkrieg. In einer Zeit, die gezeichnet ist von existentieller und profaner Not. Die Mitglieder der Gruppe 47, zu der *Schnurre* gehörte, glaubten am Ende der 40er Jahre, voraussetzungslos etwas Neues und Anderes beginnen zu müssen. Die junge Generation stand »vor einer tabula rasa, vor der Notwendigkeit, in einem originalen Schöpfungsakt eine Erneuerung des deutschen geistigen Lebens zu vollbringen.«[184]

Die heutige Situation sieht nicht viel anders aus. Gott ist abhandengekommen. Der Glaube an Gott, wie ihn die tradierte, dogmatisch fixierte christliche Gotteslehre vorstellt, stößt (zu Recht!) auf Unverständnis und verdunstet allmählich in der Breite der Bevölkerung. Vor allem bei der Jugend. Die vorgegebenen, einst angeblich so selbstverständlichen Vorstellungen von Gott greifen nicht mehr. Und auch nicht mehr die Tricks, im Zweifelsfall Gott stets zu entschuldigen dafür, dass er nicht eingreift: Er werde schon wissen, wozu das gut ist.

Die englische Religionswissenschaftlerin *Karen Armstrong* hat die konventionelle Kirchen-Christlichkeit kritisch unter die Lupe genommen und festgestellt, dass sie dem Anspruch moderner Gottes-Nachdenklichkeit überhaupt nicht mehr gewachsen ist: »Viele Gläubige und die meisten Theologen räumen zwar theoretisch ein, dass Gott ganz und gar transzendent sei, trotzdem haben sie erstaunlich konkrete Vorstellungen, wer ›er‹ ist und was er von uns erwartet. Wir neigen dazu, sein Anderssein zu zähmen und ihn unseren Wünschen anzuverwandeln. Immer noch wird Gott angefleht, eine Nation zu segnen, die Königin zu schützen, unsere Krankheiten zu heilen und unserem Fußballverein zum Sieg zu verhelfen. Ganz selbstverständlich, ja demonstrativ erflehen diese jungen Fußballstars mit ihren großen Anbetungsgesten im Stadion höhere Unterstützung – obwohl ihre Gegner doch vermutlich auch Gottes Kinder und damit Gegenstand seiner Liebe sind.« Dieses im kirchlichen Raum weit verbreitete Gottesbild ist jedoch – so *Karen Armstrong* – »naiv«. Die Religionswissenschaftlerin erinnert dagegen an die starken Traditionen mystischer Theologie, die feine Empfindsamkeit dafür entwickelte, dass Gott eben nicht ist, wie wir meinen, dass er sei.[185]

Die Profanwissenschaften haben Gott in vielerlei Hinsicht entzaubert. Sie haben manche Theologenweisheit als Hirnkonstrukt entlarvt. Die Sozialwissenschaften zeigen die Abhängigkeit des Gottesbildes von gesellschaftlichen, kulturellen und politischen Strukturen auf. Die Naturwissenschaften füllen mehr und mehr Wissenslücken im Mikro- und Makrokosmos, die bisher mit Gott – besser: mit dem gedachten oder erdachten Gott – besetzt waren.

Aber gerade die enormen Fortschritte in den Naturwissenschaften haben neue Fragen aufgeworfen. Wie kam das Universum zustande? Wer oder was war vor dem so genannten »Urknall« – eine sinnlose Frage, wie wir inzwischen wissen? Woher kam die unvorstellbar gewaltige Energie, die für diese »Ur-Explosion« erforderlich war? Was ist eigentlich Materie? Woher stammt die unsichtbare, aber unwiderstehliche Gravitation? Was ist Energie? Was ist Leben? Woher kommt es? Wie ist es entstanden? Braucht das Leben die Materie, um zu leben? Wenn ja, warum lässt sich dann aus bloßer Materie – bisher jedenfalls – nicht Leben erzeugen? Was ist Bewusstsein? Der Chemiker *Gerhard Ertl* erhielt 2007 den Nobelpreis. Auf die Frage, ob er an Gott glaube, antwortete er: »Mit jedem Schritt meiner Forschungsarbeit wunderte ich mich mehr: Diese minimalste Wahrscheinlichkeit, mit der es zu der Schaffung von Leben kommen konnte ... Das Leben ist ein gewaltiges Wunder, wir nähern uns wissenschaftlich den Erklärungen an, aber eine Frage bleibt doch immer bestehen: Warum das alles?«[186]

Je genauer wir den Kosmos, die Natur, das Leben, den Menschen zu kennen meinen, desto größer wird das Staunen und Verwundern. »Staunen ist eine Emotion beim Erleben von Unerwartetem«, steht bei Wikipedia.[187] Staunen ist der Neugier verwandt. Zum Staunen kann man sich nicht selbst anstiften. Der Anlass dazu kommt von außen, von außerhalb unserer selbst. Man muss nur genau genug hinschauen und über das Geschaute nachdenken. Wie konnte eine Entwicklung, die angeblich nur aus »Zufall und Notwendigkeit« besteht (*Jacques Monod*), zu einem derart bewundernswerten Ergebnis wie dem homo sapiens führen? Wie kam überhaupt erstmals eine Informationsweitergabe zustande, aus der sich eine Zelle bilden konnte? Selbst die jahrmilliardenalten Bakterien sind in sich schon hochkomplexe Gebilde. Der US-amerikanische Mathematiker *William A. Dembski* ist davon überzeugt, dass natürliche Prozesse wie Zufall und Notwendigkeit zwar wirksam komplexe Informationen vermitteln, aber nicht selbst erzeugen können.[188]

Der Biologe und Theologe *Ulrich Lüke* weist darauf hin, dass ein Lösungsansatz für diese Fragen vielleicht in der Singularität des Urknalls liegt. »Mit ihm entstanden die vier Grundkräfte: Die schwache und die starke Wechselwirkung sowie die Elektromagnetische- und die Gravitationskraft. Wären die Werte dieser Kräfte aber nur minimal andere, dann hätte es die gesamte Kohlenstoffchemie, auf der die Evolution des Lebendigen gründet, nicht gegeben. Wenn also Leben nur durch diesen schmalen Korridor möglich ist, dann kann dies durchaus auf ein Geheimnis jenseits der naturwissenschaftlichen Wirklichkeit verweisen. [...] Ich lebe in einer Welt, die ich selbst nicht gemacht habe, und lebe als jemand, der sich selbst einem anderem verdankt. So steckt schon in meinem Dasein ein Verweis auf den Geber dieser Gabe. Wann immer ich über Gott rede, er sprengt meine Kategorien und Definition. Ich kann also nur hinweisend, nicht beweisend von ihm sprechen. Gott, das Geheimnis der Welt, übersteigt jederzeit unsere Erkenntnis und unsere Begriffsbildung: ›Deus semper major‹. Und Naturwissenschaftler wie Theologen sind nur armselige Nach-Denker dessen, was ein unerschöpflicher Vor-Denker zuvor ins Werk gesetzt hat.«[189]

Gott »von unten« her neu entdecken. Da muss nicht immer gleich das Wort »Gott« fallen. Das Staunen und Verwundern kann auch in stumme Bewunderung, in schweigende Andacht münden. Vielleicht ist Schweigen sogar die adäquatere Antwort auf die Wunder des Kosmos und der Natur, die wir täglich erleben, wenn wir nur dazu bereit sind, mit wachen Augen und mit offenem Herzen sie wirklich »wahr« zu nehmen.

Gott – beweisbar?

Es hat immer wieder Versuche gegeben, die Existenz Gottes zu beweisen. Der erste, der das getan hat, war der griechische Philosoph *Aristoteles* (384–322 v. Chr.). Er geht davon aus, dass man die Reihe der Ursachen nicht unendlich fortsetzen kann; darum muss es eine erste Ursache (prima causa) geben. Die Versuche der Gottesbeweise unterscheiden sich in ihren Ansätzen und Vorgehensweisen. Man spricht von apriorischen bzw. aposteriorischen Gottesbeweisen, von ontologischen, kosmologischen, teleologischen und moralischen. Aus grundsätzlichen Überlegungen und ausgehend vom menschlichen

Erkenntnis- und Denkvermögen sind sie jedoch alle zum Scheitern verurteilt. Sie ähneln den vergeblichen Versuchen der Quadratur des Kreises. Gott ist nicht beweisbar.

Realität – subjektiv

Das menschliche Gehirn bildet aufgrund von Reizen, die von den Sinnesorganen aufgenommen werden, individuelle Vorstellungen. Dabei sind die Sinnesorgane in ihrer Fähigkeit, Reize wahrzunehmen, physikalisch beschränkt. Wir sehen beispielsweise mit unseren Augen nur Licht mit Wellenlängen im Bereich von 380 und 780 nm (nm=Nanometer). Elektromagnetische Strahlung – und darum handelt es sich bei Licht – mit kleineren oder größeren Wellenlängen ist für uns Menschen unsichtbar. Was entgeht uns dabei? Ähnlich verhält es sich mit dem Schall. Nur im Frequenzbereich von 16 Hz bis 20 kHz (Hz=Hertz) können wir Töne hören. Bekannt ist, dass manche Tiere Licht und Schall auch außerhalb der menschlichen Wellenlängen- bzw. Frequenzbänder wahrnehmen können. Unser Gehirn kann also nur Vorstellungen aufgrund von Reizen erzeugen, die lediglich einen Ausschnitt der »wirklichen« Welt um uns herum abbilden. Die Welt eines Menschen besteht ausschließlich aus diesen individuellen Vorstellungen und deren Verknüpfungen untereinander. Für jeden Menschen gibt es nur diese eine Welt im eigenen Kopf. Sie ist ein persönliches Unikat! Die jedem einzelnen Menschen individuell bekannte Welt, die wir oftmals fälschlicherweise für die Wirklichkeit schlechthin halten, ist selbst gemacht und zwar von einem Organ des Körpers, dem Gehirn, aufgrund von Informationen, die ihm unsere beschränkten Sinne liefern. Alles, was jeder einzelne Mensch für die *objektive Realität* hält, ist nichts anderes als die von seinem Gehirn erzeugte Menge aller Vorstellungen oder Objekte, also *subjektive Realität*. Selbst die Wahrnehmung des eigenen Körpers bis hin zur letzten Zelle des Gehirns ist selbst produzierte Vorstellung. Und sie geht noch weiter: Auch das Nachdenken über uns selbst gehört dazu.

Die Reize, die von unseren Sinnesorganen wahrgenommen werden können, durchlaufen bis zur Bildung von vorgestellten Objekten und weiter hin zu abstrakten Begriffen individuelle Wahrnehmungs-Filter, die ständigen Veränderungen unterworfen sind. Sie selektieren Informationen und hängen ab von individuellen Faktoren wie z. B.:

- Genom und Proteom,
- soziales Umfeld und Kultur,
- Erfahrungen, Erinnerungen und Annahmen,
- Wertesystem,
- Glaubenssätze, Überzeugungen und Einstellungen,
- Interessen und Prioritäten,
- Stimmungen, Lebenssituation und Gesundheitszustand.

Von der schier unendlichen Vielfalt theoretisch möglicher Sinneseindrücke schafft es nur ein sehr kleiner Teil durch die engen, sich ständig verändernden Maschen der Wahrnehmungs-Filter hindurchzukommen. Was uns bzw. dem Gehirn aktuell unwichtig und nebensächlich erscheint, bleibt im Selektionsfilter hängen, wird ignoriert.

Doch nicht nur die äußere Anschauung, also die Wahrnehmung mittels unserer Sinnesorgane unterliegt den Filtern. Das gilt genauso für die innere Wahrnehmung, also die Wahrnehmung mittels des inneren Sinns, und für Erinnerungen. Unangenehmes verdrängen wir, schieben wir ins Unbewusste ab. Allerdings: Neben der »normalen«, »gesunden« Seite des Verdrängens gibt es auch eine dunkle, pathologische Dimension.

Sie beginnt da, wo das Beiseiteschieben und Abwehren nicht mehr als probate Strategie der Lebensbewältigung dient, sondern krank macht. Dann werden die verdrängten Bewusstseinsinhalte nicht wirklich vergessen und erledigt. Sie sind lediglich dem Zugriff des Bewusstseins entzogen, in den seelischen Untergrund verschoben. Dort arbeiten sie im Verborgenen weiter, lösen unter Umständen massive Ängste, Verhaltensstörungen, Blockaden und depressive Zustände aus.

Subjektive Realität – objektive Wahrheit

Angesichts der Beschränktheit der individuellen Kopf-Welt der einzelnen Menschen erscheint jeder Anspruch, *die* Wahrheit zu kennen, von vornherein völlig vermessen und naiv. *Die* Wahrheit gibt es nicht, es kann sie nicht geben. Ein Anspruch auf den »Besitz der Wahrheit« ist unsinnig. Erst recht ein »Absolutheitsanspruch«. Absolutheitsansprüche führten immer zur Unterdrückung von Freiheit. Die Wahrheit ist individuell und zeitvariabel. Dieser Tatsache muss man sich jederzeit gewahr sein, um sich vor politischen, ideologischen und religiösen Beeinflussungen zu schützen und um seine Kritikfähigkeit wachsam zu halten.

Das menschliche Gehirn kennt eine Reihe qualitativ unterschiedlicher Objekte, geht mit diesen in entsprechender Weise um und folgt dabei implizit bestimmten Regeln des Denkens. Eine hervorragende Analyse und Darstellung dazu findet sich in *Arthur Schopenhauers* Dissertation »Über die vierfache Wurzel des Satzes vom zureichenden Grund«.[190] Viele grundlegenden Gedanken seiner späteren philosophischen Werke finden sich bereits in dieser Schrift. Sie bildet *das* Fundament allen präzisen Denkens. Die in dieser Dissertation ausgebreiteten Gedanken lege ich den folgenden Ausführungen zugrunde.

Der Satz vom zureichenden Grund (lat. principium rationis sufficientis) ist in der Geschichte der Logik und der Philosophie der allgemeine Grundsatz, unterschiedlich formuliert und auch in unterschiedlicher Funktion verwendet: Jedes Sein oder Erkennen könne und/oder solle in angemessener Weise auf ein anderes zurückgeführt werden. Seine Geschichte reicht bis in die Antike zurück.[191]

Schopenhauer verwendet den Satz in seiner Dissertation in einer Formulierung, die er als die allgemeinste und daher geeignetste sieht: »Nihil est sine ratione cur potius sit, quam non sit« oder »*Nichts ist ohne Grund warum es sei*«. Unmittelbar einleuchtend erscheint der Satz vom zureichenden Grund. Und doch folgt und erschließt sich so viel aus ihm. Dieser Satz ist für unser Erkenntnisvermögen so elementar, dass er nicht bewiesen werden muss bzw. kann, also a priori vorhanden, d.h. angeboren ist.

Schopenhauer sieht in jedem Beweis »die Zurückführung des Zweifelhaften auf ein Anerkanntes, und wenn wir von diesem, was es auch sei, immer wieder einen Beweis fordern, so werden wir zuletzt auf gewisse Sätze geraten, welche die *Formen und Gesetze*, und daher die *Bedingungen alles Denkens und Erkennens* ausdrücken, aus deren Anwendung mithin alles Denken und Erkennen besteht; so dass Gewissheit nichts weiter ist, als Übereinstimmung mit ihnen, folglich ihre eigene Gewissheit nicht wieder aus andern Sätzen erhellen kann.«[192] Einfacher ausgedrückt: Die Kette von Beweisen besitzt nicht unendlich viele Glieder. Sie endet vielmehr dort, wo wir auf etwas stoßen, das allgemein anerkannter Konsens ist und daher keines weiteren Beweises bedarf bzw. nicht bewiesen werden kann.

Das menschliche Gehirn erzeugt unablässig Vorstellungen oder Objekte und Verknüpfungen zwischen diesen. Die Welt eines individuellen Menschen besteht ausschließlich aus diesen seinen Vorstellungen, sie ist seine persönliche und einmalige Welt. Denken ist die Beschäftigung mit diesen Objekten bzw. mit deren Verknüpfungen.

Alles, was für uns Menschen Objekt werden kann, lässt sich laut *Schopenhauers* Überlegungen einer von vier Objekt-Klassen zuordnen. Für jede Objektklasse nimmt der Satz vom zureichenden Grund eine spezifische Form an:

- Gesetz der Kausalität (Ursache → Wirkung): Objekte sind die Gegenstände unseres anschaulichen, empirischen Vorstellungsvermögens, also reale Objekte in den Formen Raum und Zeit.
- Satz vom Grunde des Erkennens (Grund → Aussage): Objekte sind Begriffe, also abstrakte Vorstellungen, die aus den anschaulichen Vorstellungen abgezogen sind. Denken besteht nicht nur in der bloßen Gegenwart abstrakter Begriffe, sondern auch aus der Beschäftigung mit den Relationen zwischen ihnen. Damit befasst sich die Logik, also die Lehre von den Aussagen. Wenn eine Aussage eine Erkenntnis ausdrücken soll, muss sie einen zureichenden Grund haben.
- Satz vom zureichenden Grunde des Seins: Objekte sind der formale Teil der Vorstellungen, nämlich die a priori gegebenen, also angeborenen Anschauungen der Formen des äußeren und inneren Sinnes, *des Raums und der Zeit*. Was diese Objektklasse von der ersten unterscheidet, ist die Materie. Erst durch die Materie werden Zeit und Raum wahrnehmbar und Kausalität objektiv. Raum und Zeit haben die Beschaffenheit, dass alle ihre Teile in einem Verhältnis zueinander stehen. Im Raum heißt dieses Verhältnis Lage, in der Zeit Folge. Beispielhaft sei hier die euklidische Geometrie mit ihren Lehrsätzen zu Linien, Flächen und

Körpern aufgeführt, die unabhängig von Materie und a priori mit unserer Vernunft erfassbar sind.
- Satz vom zureichenden Grunde des Handelns, Gesetz der Motivation (Motiv → Handlung): Unserem Handeln liegt stets ein Motiv zugrunde, dessen notwendige Folge die Handlung ist. Demnach gehört das Motiv zu den Ursachen und ist somit als ein Objekt zu betrachten.[193]

Wir Menschen können nur in diesen Objekt-Klassen denken, etwas anderes lässt unser Denk-Organ Gehirn nicht zu. Ausgehend vom Satz vom zureichenden Grund bis hin zu den differenzierten Ausprägungen dieses Satzes für die vier Objektklassen bleibt nur eine einzige Schlussfolgerung: Die Welt, die ja die individuelle Welt der Vorstellungen jedes einzelnen Menschen ist, läuft unerbittlich und mit Notwendigkeit nach den Regeln der vier oben formulierten Sätze ab.

Gott – nicht beweisbar und nicht widerlegbar

Vor dem Hintergrund dieser Überlegungen kann die Antwort auf die Frage nach der Beweisbarkeit der Existenz Gottes sehr knapp ausfallen. Mit den uns Menschen zur Verfügung stehenden Mitteln, die Existenz Gottes beweisen (oder widerlegen) zu wollen, hieße, Gott einer der vier Objektklassen zuzuordnen und ihn der entsprechenden Ausprägung des Satzes vom zureichenden Grund zu unterwerfen. Nur wenn man sich Gott als Objekt mit den damit einhergehenden Beschränkungen vorstellen würde, könnte man seine Existenz grundsätzlich beweisen oder widerlegen. Geht man jedoch davon aus, dass Gott als möglicher Schöpfer des Kosmos solchen Einschränkungen keinesfalls unterliegen kann, so ist er auch nicht als Objekt denkbar. Jegliche positive Zuordnung von irgendwelchen – gut gemeinten – Attributen, die letztlich auf einen Anthropomorphismus hinauslaufen, müssen daher konsequenterweise und der Klarheit des Denkens zuliebe unterbleiben. Demzufolge können alle Regeln und Möglichkeiten menschlichen Denkens, nämlich die Ausprägungen des Satzes vom zureichenden Grund, nicht angewandt werden. Allen scheinbar noch so intelligenten und scharfsinnigen Versuchen zum Trotz können wir Menschen Gottes Existenz unter Anwendung des Erkenntnisvermögens – und nichts anderes steht uns zur Verfügung – weder beweisen noch widerlegen.

Auch *Immanuel Kant* lehnte deshalb eine »Beweisführung« allein aufgrund des menschlichen Erkenntnisvermögens ab. »Alle unsere Schlüsse, die uns über das Feld möglicher Erfahrung hinausführen wollen«, seien »trügerisch und grundlos.«[194] »Gott« ist für *Kant* daher kein »Postulat« der *reinen*, sondern der *»praktischen«* Vernunft (neben der menschlichen Freiheit und der Unsterblichkeit der Seele). Postulate sind nicht Ergebnisse einer zwingenden Beweisführung. Aber sie sind auch keine willkürlichen Setzungen. Vielmehr handelt es sich um eine Art von notwendigen Bedürfnissen der auf die Praxis des Handelns ausgerichteten Vernunft, auf die *Kant* seine gesamte Ethik aufbaut. Und die nötigt ihn zu dem Bekenntnis: »Zwei Dinge erfüllen das Gemüt mit immer neuer und immer zunehmender Bewunderung und Ehrfurcht, je öfter und anhaltender sich das Nachdenken damit beschäftigt: der gestirnte Himmel über mir und das moralische Gesetz in mir.«[195]

Auf einen anderen interessanten Aspekt weist der Theologe und Publizist *Gotthard Fuchs* hin. Menschen sind empfänglich für Lob und Liebe, für Anerkennung und liebevolle Überschätzung.

»Ja, wir sind dafür nicht nur empfänglich, sondern danach bedürftig. Natürlich kann diese Antenne durch bittere Erblasten und schwere Schicksalsschläge traumatisch verschüttet, zerstört sein. Aber wer hat schon je einen Menschen getroffen, dem Liebe und Lob auf Dauer nicht guttäten? Wer blühte nicht auf unter der Sonne wirklicher Bejahung?« *Fuchs* fragt: »Woher kommt diese Codierung von uns Menschen für Liebe, Lob und Anerkennung? Und wie fände sie Erfüllung? Haben wir etwas nötig, was wir uns nur schenken lassen können? [...] Wir sind derart fundamental auf Liebe ansprechbar, weil wir aus einer größeren Liebe stammen und brennende Sehnsucht danach haben. Nicht dass wir spekulierend von uns auf einen Gott zurückschließen könnten, aber staunenerregend ist diese Liebes-Codierung des Menschen schon: Wieso ist ihm zutiefst ›einfach‹ klar, was gut ist und guttut? Warum diese grundlegende Empfänglichkeit für die freie Zuwendung des anderen? [...] Berührt da der sich unbegreifliche Mensch den für ihn unbegreiflichen Gott? Der aber wollte sich begreiflich machen für uns – und zeigt in Jesus von Nazaret, was wir (eigentlich) längst wissen. Wir sollen werden, was wir sind – und können nie genug darüber staunen. Der so vielgesuchte Sinn des Lebens ist dann sonnenklar: sich lieben lassen und lieben.«[196]

Einen ähnlichen, aber radikaleren Weg beschreitet *Meister Eckhart*: »Hätte ich einen Gott, den ich zu begreifen vermöchte, so wollte ich ihn niemals als meinen Gott erkennen. Drum schweig und klaffe nicht über ihn, behänge ihn nicht mit den Kleidern der Attribute und Eigenschaften, sondern nimm ihn ›ohne Eigenschaft‹, als er ›ein überseiendes Sein und eine überseiende Nichtheit‹ ist in seinem ›Kleidhaus‹, in der stillen ›Wüste‹ seiner Gottheit namenlos«[197]. Um Gott erfahren zu können, müssen wir uns von den be-greif-baren (im Wortsinn!) und mit unseren fünf Sinnen erfassbaren Dingen, die zu Inhalten des Verstandes geworden sind, mittels einer Verstandesleistung lösen. Wir müssen die Dinge »hinterfragen, sie auf ihr Eigentliches befragen. Wir müssen sie überschreiten, sie trans-zendieren auf das »Ding an sich« hin. Nur durch diese (rationale) Abstraktion ist es möglich, in den Bereich des Trans-Rationalen (nicht: *Irr*-Rationalen!) vorzudringen, das »alles menschliche Begreifen weit übersteigt« (Phil 4,7). Es erscheint paradox: Der unbegreifliche Gott ist mittels der Vernunft nur zu erahnen durch eine transzendente, nicht-begriffliche, transrationale Erfahrung. Das heißt jedoch nicht, dass der Glaube an Gott etwas Unvernünftiges ist (»Credo quia absurdum«), sondern vielmehr: »Credo ut intelligam« – Ich glaube (scheinbar wider die Vernunft), damit ich zu einer vernünftigen Einsicht gelange. *Thomas von Aquin* versteht das lateinische Wort »intellegere« als »intus legere«, als ein Erfassen des den Sinnen nicht zugänglichen »Inneren« eines Dinges[198]. Erst durch das Überschreiten der Vernunft gelange ich zum Eigentlichen, zum Letzten und Tiefsten, zu dem, »was die Welt im Innersten zusammenhält«.

Auch *Hans Küng*, der in seinem monumentalen Werk »Existiert Gott?« die »Gottesbeweise« ausführlich referiert und würdigt, gelangt zu sinngemäß gleichen Ergebnissen:

- »Gott kann nicht wie ein uns vorgegebenes Gegenständliches erkannt werden. Es kann nicht allgemein überzeugend bewiesen werden, dass Gott existiert. Es kann aber noch weniger allgemein überzeugend bewiesen werden, dass Gott nicht existiert. Für die reine Vernunft, die nach Beweisen verlangt, scheint Gott nicht mehr als eine Idee ohne Realität, ein Gedanke ohne Wirklichkeit zu sein.
- Unmöglich erscheint also eine deduktive Ableitung Gottes aus dieser erfahrenen Wirklichkeit von Welt und Mensch

durch die theoretische Vernunft, um seine Wirklichkeit in logischen Schlussfolgerungen zu demonstrieren.

- Nicht unmöglich erscheint hingegen eine induktive Anleitung, welche die einem jeden zugängliche Erfahrung der fraglichen Wirklichkeit auszuleuchten versucht, um so – gleichsam auf der Linie der ›praktischen Vernunft‹, des ›Sollens‹, besser des ›ganzen Menschen‹ – den denkenden und handelnden Menschen vor eine rational verantwortbare Entscheidung zu stellen, die über die reine Vernunft hinaus den ganzen Menschen beansprucht.

Also – so soll der letzte Satz erläutert werden – keine rein theoretische, sondern eine durchaus praktische, ›existentielle‹, ganzheitliche Aufgabe der Vernunft, des vernünftigen Menschen: eine die konkrete Erfahrung der Wirklichkeit begleitende, aufschlüsselnde, ausleuchtende, nach-denkliche Reflexion mit praktischer Absicht.«[199]

»Negative Theologie«

Wer von Gott spricht, sollte immer eine tiefe Ehrfurcht und persönliche Betroffenheit durchblicken lassen. Jede leichtfertige, rasch dahingesagte Rede von Gott (»Ach Gott, ach Gott!« – »Das hat der liebe Gott gemacht« u.a.) verbietet sich ebenso wie jene Selbstverständlichkeit und Fraglosigkeit, die in den Äußerungen und im Tonfall mancher Prediger durchklingt (»Das ist der Wille Gottes«– »Gott hat gesagt …« u.a.).

Zahlreiche Theologen bevorzugen heute eine »Negative Theologie«. Diese Theologie kann sich berufen auf einen Text des Vierten Laterankonzils (1215). Dieses »Grundgesetz für alle theologischen Vergleiche zwischen Schöpfer und Geschöpf«[200] besagt: »Zwischen dem Schöpfer und dem Geschöpf kann man keine so große Ähnlichkeit feststellen, dass zwischen ihnen keine noch größere Unähnlichkeit festzustellen wäre.«[201] »Negative Theologie« misstraut einer theologischen Tradition, die meint, über Gott so gut Bescheid zu wissen, dass sie behaupten kann: Gott ist ... allmächtig, allgütig, allgegenwärtig, allbarmherzig usw. Wer den Weg dieser anderen Theologie beschreiten will, »muss sich in einem ersten Schritt darauf gefasst machen, dass Gotteserfahrung eine ›Enteignung‹ voraussetzt. Sie verlangt, all das loszuwerden, woran bisher der Glaube hing. Negative Theologie kann sich auf Thomas von Aquin berufen, der die Unerkennbarkeit Gottes als die eigentliche, die letzte Erkenntnis Gottes bezeichnet: »Das ist das Letzte menschlicher Erkenntnis über Gott, dass man erkennt, dass man Gott nicht kennt«[202]. Diese wissende Unwissenheit komme erst »am Ende unserer Erkenntnis.« Erst dann erkennen wir Gott »als den Unbekannten«[203]. Herkömmliche Rede von Gott in anthropomorphen oder anderen Bildern ist also nur »vorletzte« und unvollendete Rede. Unwissenheit über Gott ist »nicht als die Unwissenheit bezüglich der erhabensten Erkenntnis zu verstehen; vielmehr ist sie selbst die erhabenste Erkenntnis.[204] Fernerhin bezeichnet Thomas sie als die ›kraftvollste‹ Erkenntnis.[205] Hier gilt erst recht die Regel, dass jede Negation auf eine Affirmation gründet.[206] Die hier gemeinte Unwissenheit ist also nicht in sich ein Versagen, eine Verzweiflungsäußerung oder einfach ein Geständnis von Bescheidenheit; als die Vollendung der Erkenntnis repräsentiert sie vielmehr eine Errungenschaft«[207]. Die eigentliche und »letzte« Rede ist die des Verstummens vor dem Unbegreiflichen, des ehrfurchtsvollen Schweigens vor dem »Großen Unbekannten«. »Nur mit leeren Händen können Menschen nach jener Wirklichkeit greifen, von der sie hoffen, dass sie ihrerseits von ihr ergriffen werden« (*Hans-Joachim Höhn*[208]).

Negative Theologie setzt genau dort an, wo die Erfahrung der Leere, des Fehlens und Vermissens jede Behauptung der Gegenwart Gottes dementiert. Gott ist »nicht zu fassen«; er übersteigt jedes sprachliche Fassungsvermögen. Er ist unbegreiflich; er kann mit keinem »Be-Griff« adäquat umschrieben oder gar benannt werden. Gott ist unverfügbar; er steht für die Regelung innerweltlicher Verhältnisse nicht zur Verfügung, er ist nicht funktionalisierbar – weder zur Legitimation eigener Machtansprüche (»...von Gottes Gnaden«), noch zur Legitimation von Gewaltanwendung (»Gott will es« – Schlachtruf der Kreuzfahrer). Erst jenseits aller Nutzbarmachung kommt das Eigentliche und Letzte in den Blick, das es wert ist, um seiner selbst willen zu ihm in ein Verhältnis zu treten. Und erst in einem solchen Verhältnis kann dem Menschen aufgehen, dass er selbst nicht aufgehen muss in einer von funktionalen Notwendigkeiten beherrschten Welt. »Damit kommt auch das emanzipatorische Motiv einer Negativen Theologie in den Blick: Wenn Gott sich jeder Instrumentalisierung widersetzt, dann ist die Beziehung des Menschen zu einem Gott, der nicht als Mittel zum Erreichen eines Zweckes herhalten kann, ein von Verzweckungen freier Vollzug. Es entsteht eine Beziehung in Freiheit.«[209]

Hans-Joachim Höhn weist in seinem Beitrag über die Negative Theologie auch darauf hin, dass eine solche Theologie durchaus von Gottes Gegenwart sprechen kann. Sie tut es aber anders als in der Behauptung unmittelbarer Gegenwart. Sie kennt nur die Präsenz des »Fernnahen« (*Paul Konrad Kurz*). Höhn greift zur Veranschaulichung (auch Negative Theologie kommt ohne »Bilder« nicht aus!) auf eine Metapher zurück, die ein namhafter Theologe, *Otto Hermann Pesch*, einmal gebraucht hat, um die Gleichzeitigkeit von Distanz und Nähe zu verdeutlichen: die Metapher »Horizont«. Diesseits des Horizontes ist alles, was für uns real ist. Ob jenseits des Horizontes etwas ist, lässt sich nicht sagen. Um es zu überprüfen, müssten wir uns dahin bewegen, wo jetzt die Horizontlinie verläuft. Je weiter man nun geht, umso weiter weicht diese Linie zurück. Das »Jenseits« des Horizontes bleibt dabei der Bereich dessen, wo für uns nichts ist. Geht man auf dieses »Jenseits« zu, verändert sich der Abstand nicht. Der Horizont ist unerreichbare Grenze, aber er konstituiert gerade dadurch einen Raum, in den der Mensch vordringen kann. Als den Raum begrenzend ist der Horizont nie selbst im Raum. Der Horizont ist zwar nichts, was man unabhängig vom Menschen einfach vorfinden könnte. Ohne den Horizont kann der Mensch die Dinge außerhalb seines Kopfes gar nicht als real orten. Und ohne den Horizont kann sich der Mensch auch nicht in seiner Außenwelt zurechtfinden. Der Horizont gehört somit in einen Bereich, der weder ganz dem Menschen noch ganz seiner Außenwelt zuzuordnen ist. Zu beiden steht er in Beziehung – und zugleich transzendiert er sie. Er gehört unablösbar zur Räumlichkeit des menschlichen Daseins.

Die Metapher »Gott ist der Horizont des Daseins« will sagen: Gott ist jene Wirklichkeit, »diesseits« deren nur Endliches ist. Er selbst ist weder Endliches noch das Ganze des Endlichen. Gott ist jene Wirklichkeit, »jenseits« deren nichts ist. Gott selbst ist weder etwas noch nichts.[210]

Zum Abschluss

Liebe Leserin, lieber Leser!
In den vorangegangenen Ausführungen habe ich Sie durch ein sehr weites Feld, über Höhen und Tiefen, auch auf manchen Umwegen bis zum »göttlichen Bereich« geführt. Ich hoffe, Sie konnten die vielen Andeutungen, Fingerzeige und Hinweise immer richtig verstehen, nachvollziehen und auch akzeptieren. Vieles ist skizzenhaft und fragmentarisch geblieben. Manches wird Ihnen fragwürdig und »unorthodox« erschienen sein.

Das Ganze ist ein vorsichtiger, tastender Versuch. Wie in dem Gedicht von *Andreas Knapp*:

> *von gott aus gesehen*
> *ist unser suchen nach gott*
> *vielleicht die weise wie er uns auf der spur bleibt*
> *und unser hunger nach ihm das mittel*
> *mit dem er unser leben nährt*
> *ist unser irrendes pilgern*
> *das zelt in dem gott zu gast ist*
> *und unser warten auf ihn*
> *sein geduldiges anklopfen*
> *ist unsere Sehnsucht nach gott*
> *die flamme seiner gegenwart*
> *und unser Zweifel der raum*
> *in dem gott an uns glaubt*[211]

Wir können nicht mehr so von Gott reden, wie frühere Generationen das getan haben. Das sollten endlich auch die Leiter der christlichen Kirchen begreifen und daraus Konsequenzen ziehen. Das ehrwürdige und bis heute verbindliche Glaubensbekenntnis stammt aus einer Zeit, die nicht mehr die unsere ist. Manche Begriffe sind unverständlich, können falsch gedeutet werden. Einen Versuch, das Credo, dem Stand heutiger Wissenschaft entsprechend, neu zu formulieren, habe ich bereits vor 2 Jahren anderer Stelle vorgelegt[212]. Der Text stieß auf viel Zuspruch und Akzeptanz. Ich erlaube mir daher, ihn hier nochmals vorzustellen:

> Ich glaube an das heilige Geheimnis des Universums,
> das wir Gott nennen.
> Gott ist weder weiblich noch männlich.
> Er ist keines von beiden.
> Und auch beides in Einem.
> Er ist verborgen in der Energie und Materie des Universums,
> in Raum, Zeit und Kausalität,
> in den Naturgesetzen,
> die alles Geschehen auf geheimnisvolle Weise bestimmen
> und im Ursprung des Lebens.
> Vor allem aber im Menschen,
> in seinem Leib und seinem Geist.
> Tastend und suchend glauben Menschen,
> Gott umrisshaft zu erkennen.
> Sie glauben, dass er sich »offenbart«.
> Sie stellen sich Gott vor
> wie einen machtvollen und befreienden Vater,
> wie eine gütige und fürsorgliche Mutter,
> wie einen inspirierenden
> und vorwärts treibenden Geist.
> So habe ich Gott
> auch in meinem Leben immer wieder
> auf vielfache Weise erfahren dürfen.

Ich glaube an Jesus von Nazaret.
Er ist das Kind jüdischer Eltern,
ein Geschenk für die ganze Welt.
Er sprach von Gott wie von einem lieben Vater
und fühlte sich wie ein Sohn dieses Vaters.
Jesus forderte ein neues Denken und Handeln.
Er verkündete Gott nicht
als einen Gott der Mächtigen und der Sieger,
sondern der Schwachen und Unterlegenen,
der Kranken und Leidenden.
Was für Menschen »oben« ist, ist für Gott »unten«.
Die provokanten Thesen der Bergpredigt
sind eine einzige Herausforderung,
eine das normale menschliche Maß übersteigende Zu-Mutung:
Versöhnung statt Morden,
Selbstüberwindung statt Ehebrechen,
einfaches Ja oder Nein statt Schwören,
Gewaltverzicht statt Vergeltung,
Feindesliebe statt Feindeshass.
Letztlich aber siegten Hass und Gewalt.
Jesus wurde zum Tode verurteilt und hingerichtet.
Doch seine Freunde bezeugten einhellig, dass er lebt:
Gott hat ihn vom Tode erweckt.
Menschen, die von der Sache Jesu begeistert waren,
trugen seine Botschaft hinaus
in die ganze damals bekannte Welt.
Aus dem winzigen Samenkorn
ist eine weltumspannende Gemeinschaft geworden.
Ich glaube an Göttlichen Geist, der Leben schafft.
Er bewegt die Menschen
zu Ungewöhnlichem und Außerordentlichem
- zu selbstlosem Dienst für Bedürftige und Kranke,
zu mutigem Einsatz in Politik und Gesellschaft,
zu bewundernswerten Leistungen in Kunst und Wissenschaft,
zum Widerstand gegen Unrecht und Gewalt.
Er wirkt im Kleinen und im Großen, offen und im
Verborgenen.

> Ich bekenne mich zu der einen christlichen Kirche,
> geeint in Wort und heiligen Zeichen.
> Ich erwarte die Auferweckung der Toten
> zum Eins-Werden mit dem Ursprung des Kosmos,
> mit dem heiligen göttlichen Geheimnis.

Die Gottesrede muss von Grund auf revidiert und reformiert werden. Das ist ein Wagnis und erfordert viel Mut und Beharrlichkeit. Denn die »ewig Gestrigen« werden sich an das »bewährte Alte« klammern. Sie werden die antiquierten Formeln und die »unfehlbaren« Dogmen mit allen Mitteln verteidigen und wohl auch vor Verleumdungen und Abspaltungen nicht zurückschrecken.

Doch »Gott ist der ganz Andere«, wie es der Theologe *Karl Barth* immer wieder betonte. Er ist das »heilige, unsagbare, unbegreifliche Geheimnis« *(Karl Rahner*[213]*)*. »Das Ja zu Gott bedeutet ein letztlich begründetes Grundvertrauen zur Wirklichkeit: Der Gottesglaube als das radikale Grundvertrauen vermag die Bedingung der Möglichkeit der fraglichen Wirklichkeit anzugeben. Wer Gott bejaht, weiß, warum er der Wirklichkeit vertrauen kann« (*Hans Küng*[214]). Die Gottesrede kann heute nur dann glaubhaft erscheinen, wenn sie nicht mit dem Gestus des privilegierten »Wissens« über Gott daher kommt, sondern demütig und bescheiden sich als tastender Versuch ausweist. Als suchendes, behutsames Denken und Sprechen. Und wenn Wort und Tat im Einklang miteinander stehen. Wenn Reden und Tun sich nicht widersprechen. »Wer oder was mit ›Gott‹ sinnvoll gemeint ist, muss in der Alltagsrealität aufweisbar sein als deren Wahrheit, als die Wirklichkeit der Wirklichkeiten. Da kommt nicht zweitrangig etwas zu der vermeintlich realen Welt hinzu. Gott kommt allem, was ist, immer schon zuvor und bleibt ihm gegenüber. [...] Gott als die Wirklichkeit, als das, über das hinaus nichts Größeres gedacht und gelebt werden kann.«[215]

Ich möchte Sie herzlich einladen, die hier vorgestellten Fragen, Gedanken und Thesen in Ihrem persönlichen Umfeld zu diskutieren, diesen Weg weiter zu gehen und in Ihrem Leben immer wieder danach Ausschau zu halten, wo Ihnen »der / die / das große Unbekannte« begegnet.

Anmerkungen

1. 329 Aussagen waren es am 5.3.2019; https://thema.erzbistum-koeln. de/ohnegott/beitraege_lesen/ich_bedaure_menschenx_die_an_gott_ glauben/.
2. http://www.ksta.de/blob/view/21544776,17560427,data,Sinus-Studie.pdf.
3. https://fowid.de/meldung/christlicher-glaube-deutschland-2019.
4. Ludwig Ott, Grundriss der Dogmatik, Freiburg ¹1952, ¹¹2005.
5. https://fowid.de/meldung/christlicher-glaube-deutschland-2019.
6. Zit. nach: Andreas Püttmann, Schwacher Puls, große Mission, in: Herder Korrespondenz 3/2019, 28.
7. Sozialwissenschaftliche Institut der EKD, »›Was mein Leben bestimmt? Ich!‹ Lebens- und Glaubenswelten junger Menschen heute«; https://fowid.de/meldung/lebens-und-glaubenswelten-junger-erwachsener-deutschland.
8. https://fowid.de/schlagworte/glaube-gott-0/seite/1/0.
9. Andreas Benk, Was heißt denn: Ich glaube an Gott? Die Grenzen zwischen Atheisten und Theisten, zwischen Religiösen und Religionslosen verschwimmen. Was folgt daraus?, in: Publik Forum 3 (8.2.2019), 30 f.
10. Rudolf Will, in: Christ in der Gegenwart 2005, 246.
11. Gotthold Hasenhüttl, Glaube ohne Mythos, Bd. 1: Offenbarung: Jesus Christus, Gott (Schriften der Internationalen Paulusgesellschaft), Mainz 2001, ²2001, 719.
12. Gefängnispfarrer K. Esser; in: Christ in der Gegenwart 2005, 227.
13. Klemens Tilman, Staunen und Erfahren als Wege zu Gott, Einsiedeln 1968, 9.
14. Platon, Theaitetos 155 d.
15. http://www.snowcrystals.com/photos/photos.html.

[16] https://www.geo.de/natur/naturwunder-erde/18129-rtkl-schneeflocken-forschung-voellig-einzigartig-wie-verschieden.
[17] Vgl. Alois Haas, Schöpfungslehre als »Physik« und »Metaphysik« des Einen und Vielen bei Pierre Teilhard de Chardin nach der unveröffentlichten Schrift »Comment je vois«, in: Scholastik 1964, 510–527; Ders., Der Schöpfungsgedanke bei Teilhard de Chardin nach der unveröffentlichten Schrift »Comment je vois«; in: Pierre Teilhard de Chardin. Studien und Berichte der kath. Akademie in Bayern. Bd. 39, Würzburg ²1967, 37–51.
[18] Vgl. Daniel Chamovitz, Was Pflanzen wissen, München 2013, 141–165.
[19] Stefano Mancuso / Alessandra Viola, Die Intelligenz der Pflanzen, München 2015.
[20] Werner Stangl, Intelligenz – was ist das?. https://www.stangl-taller.at/TESTEXPERIMENT/testintelligenzwasistdas.html (2019-08-1).
[21] http://www.schattenblick.de/infopool/kind/natur/knpf0019.html.
[22] https://www.bergwelten.com/a/heilige-berge-wo-die-gotter-wohnen.
[23] Gotthard Fuchs, Wasser und Berge, in: Christ in der Gegenwart 28/2019, 311.
[24] Zit. nach: http://www.focus.de/wissen/klima/matterhorn/permafrost_aid_23307.html.
[25] Denke-anders-Blog; https://www.denkeandersblog.de/die-natur-von-gar-nichts-der-menschliche-koerper-besteht-aus-99-9999999-masse-leerem-raum/
[26] https://www.astronews.com/news/artikel/2010/02/1002-024.shtml.
[27] https://www.nasa.gov/jpl/voyager/pale-blue-dot-images-turn-25.
[28] Carl Sagan, Pale Blue Dot: A Vision of the Human Future in Space, Random House 1994. Übersetzung: MK; http://www.meikeltroniks.de/about/pale-blue-dot_de.html.
[29] Arnold Benz, Wirklich ist, was wirkt – und was wir wahrnehmen, in: Johannes Röser, Gott? Die religiöse Frage heute, Freiburg 2018, 180–182; 182.
[30] https://www1.wdr.de/stichtag/stichtag-papst-pius-urknall-schoepfung-100.html.
[31] Vgl. Russel Stannard, Relativitätstheorien. Reclam-Sachbuch, Leipzig 2010. Das Buch bietet eine einigermaßen leicht verständliche Einführung mit einem Minimum an Mathematik.
[32] Andrea Ghez, Rasender Stern am Schwarzen Loch: Einstein besteht weiteren Test; https://www.heise.de/newsticker/meldung/Rasender-

Stern-am-Schwarzen-Loch-Einstein-besteht-weiteren-Test-4479660. html.
33 Zit. nach: Ulrich Walter, Gott würfelt nicht; https://www.welt.de/ wissenschaft/article160310090/Gott-wuerfelt-nicht-Wirklich.html.
34 John Polkinghore, Quantentheorie. Reclam Sachbuch, Leipzig 2011.
35 Der »Dialogo« ist jenes Werk von Galilei, das die größte Popularität erlangte. Es ist 1632 in italienischer Sprache erschienen. Die drei Gesprächspartner *Salviati* (Sprecher Galileis), *Sagredo* (intelligenter, nüchtern denkender Diskussionspartner) und *Simplicio* (überzeugter Anhänger des Aristoteles) unterhalten sich vier Tage lang über Argumente und Gegenargumente für und gegen das geo und heliozentrische (=kopernikanische) Weltbild. Galilei wollte den Anschein zu erwecken, dass der Leser durch die Argumente in die Lage versetzt wird, sich selbst eine Meinung zu bilden. Tatsächlich bezieht er aber eindeutig Stellung zu Gunsten des kopernikanischen Systems.
36 Josua 10,12–13: Damals, als der Herr die Amoriter den Israeliten preisgab, redete Josua mit dem Herrn; dann sagte er in Gegenwart der Israeliten: Sonne, bleib stehen über Gibeon, und du, Mond, über dem Tal von Ajalon! Und die Sonne blieb stehen, und der Mond stand still, bis das Volk an seinen Feinden Rache genommen hatte. Das steht im »Buch der Aufrechten«. Die Sonne blieb also mitten am Himmel stehen, und ihr Untergang verzögerte sich ungefähr einen ganzen Tag lang.
37 Stephen Hawking, Kurze Antworten auf große Fragen, Stuttgart 2018.
38 https://de.wikipedia.org/wiki/Universum.
39 Ludwig Wittgenstein, Tractatus logico-philosophicus, 6,52; http://www.blutner.de/philos/Texte/witt.html.
40 https://www.wissenschaft.de/allgemein/wie-sich-das-universum-selbst-erschuf-2/.
41 https://www.weltderphysik.de/gebiet/universum/news/2009/neue-ergebnisse-zur-dunklen-stroemung-multiversum-eine-moegliche-erklaerung.
42 Lawrence Krauss, Ein Universum aus Nichts, München 2018.
43 https://www.ekd.de/ekdtext_94_02.htm.
44 Vgl. Christopher Schrader, Warum gibt es etwas und nicht nichts? ZEIT-online; https://www.zeit.de/2016/28/antimaterie-physik-urknall-leben/komplettansicht.
45 Lawrence Krauss, Ein Universum aus Nichts, München 2018, 10.

46 https://www.google.com/search?client=firefox-b-d&q=Hochsprung weltrekord (4.7.2019).
47 Am 14.9.2015 beobachteten Wissenschaftler zum ersten Mal haben Kräuselungen der Raumzeit, sogenannte Gravitationswellen, die – ausgelöst von einem Großereignis im fernen Universum – die Erde erreichten. Diese Beobachtung bestätigt eine wichtige Vorhersage der von Albert Einstein im Jahr 1915 formulierten Allgemeinen Relativitätstheorie. Sie öffnet gleichzeitig ein neues Fenster zum Kosmos. 2017 erhielten Rainer Weiss, Kip Stephen Thorne und Barry Barish für ihre Entdeckung den Nobelpreis für Physik. Am 26. 4. 2019 empfingen die US-amerikanische Observatorium LIGO und der französisch-italienische Gravitationswellendetektor Virgo ein Gravitationswellen-Signal, das von einem ungewöhnlichen Ereignis stammen könnte – der Verschmelzung eines Schwarzen Lochs mit einem Neutronenstern. Sollte sich dies bestätigen, wäre dies der erste Nachweis einer solchen Kollision ungleicher Partner.
48 Lawrence Krauss, Ein Universum aus Nichts, München 2018, Vorwort.
49 Max Planck, Religion und Naturwissenschaft, in: Vortrage und Erinnerungen, Darmstadt 1981, 318–333; zitiert nach: H. P. Dürr (Hg.), Physik und Transzendenz. Die großen Physiker unseres Jahrhunderts über ihre Begegnung mit dem Wunderbaren (Bern/München/Wien ⁹1996, 192 f.).
50 Vgl. zu diesem Abschnitt: H. Müther / U. Baumann, Physik, Theologie und Transzendenz, in: U. Baumann (Hg.), Gott im Haus der Wissenschaften. Ein interdisziplinäres Gespräch, Frankfurt 2004, 21–55; hier: 39 f.
51 Paul Tillich, Die verlorene Dimension. Not und Hoffnung unserer Zeit, Hamburg 1962, 99.
52 Zitiert nach: H. Dukas / B. Hoffmann (Hg.), Albert Einstein – The human side. New glimpses from his archives, Princeton 1979, 127; zit. nach: C. Liesenfeld, Gotteserfahrung in der Physik?, in: L. Wenzler (Hg.), Die Stimme in den Stimmen. Zum Wesen der Gotteserfahrung, Düsseldorf 1992, 94–115; hier: 110.
53 Albert Einstein, Religion und Wissenschaft; in: Berliner Tagblatt (11.11.1930); zit. in: Ders., Mein Weltbild (hg. v. C. Selig), Berlin 1955, 17.

54 Rubbia, Börner und Hasinger zitiert nach: https://www.focus.de/wissen/weltraum/odenwalds_universum/tid-20873/urknall-theorie-die-suche-nach-der-weltformel_aid_585444.html
55 Jürgen Habermas, Technik und Wissenschaft als »Ideologie«, Frankfurt ³1969, v.a. Erkenntnis und Interesse, S. 146–168.
56 Ulrich Eibach, Falsche Fronten: Der Streit um »Intelligent Design«, in: Zeitzeichen 8/2007, Heft 9, 15.
57 Ernesto Cardenal, Sternenkinder; zit. nach: Publik Forum 5/2019, 32.
58 Holm Tetens, Gott denken. Ein Versuch über rationale Theologie, Stuttgart ⁴2015, 42 f.
59 Baruch Spinoza, Ethica ordine geometrico demonstrata, Amsterdam 1677. II. Buch, Lehrsatz 7.
60 Arthur Schopenhauer, Parerga und Paralipomena I, 1. Teilband (S. 131 im Diogenes-Taschenbuch).
61 Diese Äußerung wurde Arthur Schopenhauer von dem Philosophen Ernst Haeckel zugeschrieben (zit. nach: Hans Küng, Existiert Gott?, dtv-Tb. München 1981, 389.
62 Leonardo Boff, Pantheismus vs. Panentheismus: eine notwendige Unterscheidung. Veröffentlicht am 24.4.2012; https://traductina.wordpress.com/2012/04/24/pantheismus-vs-panentheismus-eine-notwendige-unterscheidung.
63 Emergenz = die Möglichkeit der Herausbildung von neuen Eigenschaften oder Strukturen eines Systems infolge des Zusammenspiels seiner Elemente.
64 Benedikt Paul Göcke, Panentheismus als Leitkategorie theologischen Denkens? ThPh 90 (2015) 38–59; 51 f.
65 Meister Eckhart, Deutsche Predigten und Traktate. Hg. u. übersetzt von J. Quint, München o.J., 30.
66 Ebd.; dort auch Angabe der Fundstellen bei Eckhart.
67 Meister Eckhart, Die deutschen Werke I (hg. v. J. Quint), Stuttgart 1958, Tr. 11, 70.
68 Vgl. Meister Eckhart, Die deutschen Werke I (hg. v. J. Quint), Stuttgart 1958, Pr. 1, 156.
69 Meister Eckhart, Die deutschen Werke V (hg. v. J. Quint), Stuttgart 1963, 201, 11 f.
70 Karl Rahner, Grundkurs des Glaubens, Einführung in den Begriff des Christentums, Freiburg 1976, 61. 63.
71 Ebd., 69.
72 https://de.wikipedia.org/wiki/Theodizee.

[73] Gottfried Wilhelm Leibniz, Die Theodizee, 2 Bände. Frankfurt 1996.
[74] https://de.wikipedia.org/wiki/Erdbeben_im_Indischen_Ozean_2004.
[75] Jacobi zitiert nach: Andreas Mertin, GOTT - MENSCH - MEDIEN. Die Deutung des Leids in der Mediengesellschaft, in: Ästhetik & Kommunikation, Heft 4/2005; https://www.amertin.de/aufsatz/2005/gottmenschmedien.htm.
[76] Karl Rahner, Grundkurs des Glaubens. Einführung in den Begriff des Christentums, Freiburg/Basel/Wien 1976, 197.
[77] Ruhstorfer in dem Sammelband »Gott – jenseits von Monismus und Theismus?«; zit. nach: Michael Schrom, RELIGION&KIRCHEN; http://www.emk-graz.at/wp-content/uploads/2018/02/Gott_neu_denken_20180206.pdf.
[78] Die neue fünfte Verpflichtung ist unter folgendem Link einzusehen: https://parliamentofreligions.org/parliament/global-ethic/fifth-directive.
[79] https://www.weltethos.org/1-pdf/10-stiftung/declaration/declaration_german.pdf.
[80] Rüdiger Safranski, Das Böse (Fischer Tb 14298), Frankfurt ⁶2004, 14.
[81] https://de.wikipedia.org/wiki/Milgram-Experiment.
[82] Jana Hauschild, Blinder Gehorsam erklärt nicht alles; http://www.spiegel.de/wissenschaft/mensch/psychologen-deuten-experimente-von-milgram-und-zimbardo-neu-a-868461.html.
[83] Vgl. http://www.neuro24.de/show_glossar.php?id=1361.
[84] https://www.faz.net/aktuell/wissen/leben-gene/hirnforschung-mit-straftaetern-das-boese-beginnt-im-gehirn-13649029.html?printPagedArticle=true#pageIndex_0.
[85] https://de.wikipedia.org/wiki/Libet-Experiment.
[86] John-Dylan Haynes u.a., The point of no return in vetoing self-initiated movements in: PNAS Proc Natl Acad Sci U S A. 26.1.2016 .
[87] https://www.berliner-zeitung.de/wissen/hirnforschung-in-berlin-wie-frei-ist-der-wille-des-menschen-wirklich--23549026.
[88] https://www.welt.de/gesundheit/psychologie/article136831129/Warum-manche-Menschen-moerderisch-boese-werden.html
[89] Alfred Feldges; https://rp-online.de/nrw/staedte/moenchengladbach/joseph-goebbels-entlarvende-abiturrede_aid-15574233.
[90] Arthur Schopenhauer, Über die Freiheit des menschlichen Willens, ²1860; neu hg. v. Alfred Schilken, Eigenverlag d. Verf. Bruchköbel 2015, 132 f.
[91] vgl. Aristoteles, Nikomachische Ethik, Buch I, 1102 b 13.

92 »Die widernatürliche Unzucht, welche Personen männlichen Geschlechts oder von Menschen mit Thieren begangen wird, ist mit Gefängniß zu bestrafen; auch kann auf Verlust der bürgerlichen Ehrenrechte erkannt werden« (Strafgesetzbuch des Deutschen Kaiserreichs von 1872).
93 https://www.iwwit.de/blog/2016/07/der-letzte-175er.
94 Arthur Schopenhauer, Die Welt als Wille und Vorstellung II, zweiter Teilband, Zürich (Diogenes) 2017, 699.
95 Vgl. Herbert Haag, Abschied vom Teufel (Theol. Meditationen 23), Einsiedeln 1969.
96 Erich Zenger, Der Gott der Bibel - ein gewalttätiger Gott? in: Katechetische Blätter 10/1994, 687–696; hier:691
97 Doris Strahm, Das ist keine Liebe, das ist pervers. In: Publik Forum 5/2019. 29.
98 Ottmar Fuchs, Der zerrissene Gott. Das trinitarische Gottesbild in den Brüchen der Welt, Ostfildern ³2016, 21f.
99 Ernesto Cardenal, Wie sind Sternenstaub, Wuppertal 1994.
100 Englisch: https://www.songtexte.com/songtext/joni-mitchell/woodstock-3bd3f828.html; Deutsch: https://www.songtexte.com/uebersetzung/joni-mitchell/woodstock-deutsch-4bd6ff9a.html.
101 http://www.fluechtlingshilfe-htk.de/uploads/infos/49.pdf; http://www.bim.hu-berlin.de/media/Studie_EFA2_BIM_11082016_V%C3%96.pdf.
102 Renate Köcher, Allensbach-Analyse: Schwere Zeiten für die Kirchen (23.06.2010); https://www.faz.net/aktuell/politik/kirche-religion/allensbach-analyse-schwere-zeiten-fuer-die-kirchen-1996617-p3.html?printPagedArticle=true#pageIndex_.
103 https://www.bertelsmann-stiftung.de/fileadmin/files/Projekte/28_Einwanderung_und_Vielfalt/IB_Umfrage_Willkommenskultur_2017.pdf.
104 Abschlussbericht: https://www.sueddeutsche.de/panorama/untersuchungsausschuss-abschlussbericht-zur-koelner-silvesternacht-seiten-vorwuerfe-1.3423966.
105 Studie nur online verfügbar: https://www.bmfsfj.de/bmfsfj/service/publikationen/engagement-in-der-fluechtlingshilfe/122012.
106 https://www.bertelsmann-stiftung.de/de/presse/pressemitteilungen/pressemitteilung/pid/jugendliche-engagieren-sich-fuer-fluechtlinge/.
107 Arthur Schopenhauer, Die beiden Grundprobleme der Ethik. Bruchköbel (Eigenverlag Alfred Schilken) 2015, 273 f. › 250.

[108] Arthur Schopenhauer, Die beiden Grundprobleme der Ethik. Bruchköbel (Eigenverlag Alfred Schilken) 2015, 280.
[109] Vgl. Hans Mayer, Das mitleidlose Mitleid. Käte Hamburgers Bilanz einer uralten Frage (ZEIT-online 28.3.1986) ohne Angabe der Quellen; https://www.zeit.de/1986/14/das-mitleidlose-mitleid.
[110] Arthur Schopenhauer, Die beiden Grundprobleme der Ethik. Bruchköbel (Eigenverlag Alfred Schilken), 2015, 267.
[111] Ebd., 248 f.
[112] Wolfgang Schirmacher, Schopenhauers Ethik im 20. Jahrhundert, in: Volker Spierling (Hg.), Schopenhauer im Denken der Gegenwart, München/ Zürich 1987, 261–274; 269.
[113] Reinhard Margreiter, Die achtfache Wurzel der Aktualität Schopenhauers, in: Schirmacher, Wolfgang (Hg.), Schopenhauers Aktualität. Schopenhauer-Studien 1/2, Jahrbuch der Internationalen Schopenhauer-Vereinigung, Wien 1988, 15–36: 27.
[114] Gabriele Neuhäuser, Die Goldene Regel aus dem Blickwinkel der Philosophie: Zu Schopenhauers Mitleidsethik; https://ethik-heute.org/nur-taten-aus-mitleid-sind-moralisch.
[115] https://www.tz.de/welt/kardinal-lehmann-ruft-organspende-479160.html.
[116] https://www.katholisch.de/aktuelles/aktuelle-artikel/ein-zeichen-der-nachstenliebe.
[117] https://www.focus.de/wissen/mensch/geschichte/nationalsozialismus/vor-75-jahren-in-treblinka-ermordet-nicht-jeder-ist-ein-schuft-freiwillig-ging-janusz-korczak-mit-den-kindern-seines-waisenhauses-in-den-tod_id_7393370.html.
[118] Vgl. https://de.wikipedia.org/wiki/Arnaud_Beltrame; https://www.zeit.de/news/2018-03/24/frankreich-trauert-um-einen-helden-ohne-chance-180324-99-622927.
[119] Zit. nach: Ulrich Schnabel, Der Stoff, aus dem die Helden sind, in: DIE ZEIT Nr. 18 (25.4.2019) 33.
[120] Vgl. dazu: Ulrich Schnabel, Der Stoff, aus dem die Helden sind, in: DIE ZEIT Nr. 18 (25.4.2019), 32 f.
[121] Ulrich Schnabel, Der Stoff, aus dem die Helden sind, in: DIE ZEIT Nr. 18 (25.4.2019) 33.
[122] Geo, Ausgabe 07/2019, 118.
[123] Arthur Schopenhauer, Die beiden Grundprobleme der Ethik. Bruchköbel (Eigenverlag Alfred Schilken), 2015, 213.

[124] https://www.compofactur.com/blog/zitate-zur-musik/hermann-hesse-1877-1962.

[125] Burkhard Reinartz, Die Welt ist Klang. Über die spirituelle Kraft, die Musik seit jeher auf den Menschen ausübt; https://www.deutschlandfunk.de/die-welt-ist-klang.886.de.html?dram:article_id=231881.

[126] http://www.drehpunktkultur.at/index.php/im-portraet/9448-kunst-ist-die-nabelschnur-zum-goettlichen.

[127] http://www.akademie-orpheus.de/html/beethoven_2.html-.

[128] http://www.akademie-orpheus.de/html/beethoven_2.html.

[129] Aus Arthur Schopenhauers handschriftlichem Nachlass. Hrg. von Julius Frauenstädt, Leipzig 1864, 373.

[130] Arthur Schopenhauer, Die Welt als Wille und Vorstellung, Leipzig 1871. I, 310.312.

[131] http://www.akademie-orpheus.de/html/beethoven_2.html .

[132] K. Jensen et al., Habitual alcohol consumption associated with reduced semen quality and changes in reproductive hormones; a cross-sectional study among 1221 young Danish men, BMJ Open. 06.10.2014; zit. nach: https://www.netdoktor.de/news/moderater-alkoholkonsum-beeintraechtigt-spermienqualitaet.

[133] https://www.aerzteblatt.de/archiv/34009/Beethovens-Taubheit-Wie-ein-Verbannter-muss-ich-leben.

[134] http://www.akademie-orpheus.de/html/sein_unglueck.htm.

[135] http://www.krankenschwester.de/download/kategorien/sonstiges/ludwig_van_beethoven.pdf.; Walther Forster, Beethovens Krankheiten und ihre Beurteilung, Wiesbaden 1955.

[136] Die Schuldigkeit des ersten Gebots, KV 35, komponiert 1767.

[137] https://www.stern.de/kultur/musik/interview-mit-joachim-kaiser-viel-mehr-als--wunderbar--3498178.html..

[138] https://www.aerzteblatt.de/archiv/8619/Franz-Schubert-Toedliche-Krankheit-unsterbliche-Musik.

[139] https://de.wikipedia.org/wiki/9._Sinfonie_(Beethoven)#National-_und_Europahymne.

[140] http://www.kath.net/news/51227.

[141] Birgit Herden, Die Macht der Musik: https://www.zeit.de/zeit-wissen/2012/01/Psychologie-Musik.

[142] http://www.spiegel.de/wissenschaft/mensch/milchkuehe-mit-beethoven-laeuft-s-besser-a-142032.html.

[143] http://www.rothenburg-unterm-hakenkreuz.de/nationalsozialisten-liessen-bei-jedem-anlass-singen-lieder-dienten-der-indoktrination-

[144] Zit. nach: J. Röser, Wenn Lehre Leere wird; in: Christ in der Gegenwart 33/2016, 364.
[145] Publik-Forum 24/2007, 42 (Dossier).
[146] Text (mit einigen Auslassungen) nach: Bibel in gerechter Sprache, Gütersloh ²2006, 119 f. Ich habe diese Übersetzung gewählt, weil hier die Geschlechtslosigkeit Jahwes deutlich zum Ausdruck gebracht wird durch den Wechsel von masculin (ER), feminin (SIE) und neutrum.
[147] Vgl. dazu: Erich Zenger, Der Gott der Bibel. Sachbuch zu den Anfängen des alttestamentlichen Gottesglaubens, Stuttgart 1979, 50–57.
[148] Erich Zenger, Der Gott der Bibel. Sachbuch zu den Anfängen des alttestamentlichen Gottesglaubens, Stuttgart 1979, 56 f.
[149] Anneliese Hecht; https://www.bibelwerk.de/sixcms/media.php/157/Ex_3%2C14_Auslegung_Jahwename_und_Gottesbezeichnungen.pdf.
[150] Diese Übersetzung wurde bereits oben gewählt, s. Anm. 142.
[151] Ottmar Fuchs, Denn Gott bin ich und nicht Mann (Hosea 11,9); https://www.feinschwarz.net/denn-gott-bin-ich-und-nicht-mann-hosea-119.
[152] https://www.theologie.uni-heidelberg.de/universitaetsgottesdienste/3112_ws2012.html.
[153] Christian Frevel, Wo und wann lernt Israel seinen Gott JHWH kennen? Welt und Umwelt der Bibel 2/2019; https://www.weltundumweltderbibel.de/fileadmin/verein/Dokumente/Welt_und_Umwelt/2019_03_downloads_wub_chr.frevel.pdf
[154] https://www.bibelwerk.de/sixcms/media.php/157/Die_Landnahme_WUB_3-2008.pdf.
[155] Jürgen Moltmann, Theologie der Hoffnung, München ⁷1968, 105.
[156] Ludwig Köhler, Theologie des Alten Testaments, Tübingen ⁴1966, 77.
[157] Martin Buber, Der Glaube der Propheten, Zürich 1950, 49.
[158] Vgl. Simon Lukas, Wer ist der »Ich bin, der ich bin«?, in: Christ in der Gegenwart 22/2019, 239–240; 240.
[159] https://de.richarddawkins.net/articles/zum-wiederholten-mal-existierte-jesus-wirklich.
[160] Ebd.
[161] Gerd Theißen / Annette Merz, Die Quellen und ihre Auswertung, in: Der historische Jesus. Ein Lehrbuch., Göttingen ⁴2011. 35–124; hier zit. nach: https://de.wikipedia.org/wiki/Au%C3%9Ferchristliche_antike_Quellen_zu_Jesus_von_Nazaret.

[162] Shlomo Pines: An Arabic version of the Testimonium Flavianum and its implications. Israel Academy of Sciences and Humanities, Jerusalem 1971.
[163] Vgl. https://de.wikipedia.org/wiki/Au%C3%9Ferchristliche_antike_ Quellen_zu_Jesus_von_Nazaret: Zitat: Theißen / Merz, a.a.O., 121.
[164] Jens Schroeter, Von der Historizität der Evangelien. In: Jens Schroeter / Ralph Brucker (Hg.), Der historische Jesus. Tendenzen und Perspektiven der gegenwärtigen Forschung, Berlin 2002, 163 f.
[165] Milan Machovec, Jesus für Atheisten, Stuttgart 1972. Ich orientiere mich im Folgenden an: Adolf Geprägs, Wo heute Hoffnung lebt. Marxistischer Messianismus. In: Ev. Zentralstelle für Weltanschauungsfragen. Information Nr. 62 Stuttgart XI/1975 (https://www.ezw-berlin.de/downloads/Information_62.pdf).
[166] Milan Machovec, Jesus für Atheisten, 26 f.
[167] Ebd., 46.
[168] Ebd., 67.
[169] Ebd., 95.
[170] Ebd., 93.
[171] Ebd., 101 f.
[172] Ebd., 255.
[173] Ebd., 253.
[174] Ebd., 19 f.
[175] Vgl. https://de.wikipedia.org/wiki/Milan_Machovec.
[176] https://www.welt.de/print-welt/article595086/Was-bedeutet-Ihnen-eigentlich-Jesus.html.
[177] Mitten in der Welt. Hefte zum christlichen Leben, Freiburg 1971/72, 91 f.
[178] Mitten in der Welt. Hefte zum christlichen Leben, Freiburg 1971/72, 100 f.
[179] Vgl. Norbert Scholl, Mein Zweifelglaube, Freiburg/CH 2007, 100–104.
[180] Der Appell des Dalai Lama an die Welt. Benevento Publishing [16]2017; http://www.dharma-university-press.org/images/pdf_download/Appell_des_Dalai_Lama_an_die_Welt.pdf.
[181] Bibel in gerechter Sprache, Gütersloh [2]2006; https://www.bibel-in-gerechter-sprache.de.
[182] Gerd Theißen, Glaubenssätze. Ein kritischer Katechismus, Gütersloh 2012, 162.

[183] Aus: Wolfdietrich Schnurre, Das Begräbnis (1945/46), in: W. Bellmann (Hg.), Klassische deutsche Kurzgeschichten, Stuttgart 2003, 9–17; zit. nach: http://www.jhelbach.de/Lit/45-67a.pdf.
[184] Alfred Andersch, Die deutsche Literatur in der Entscheidung. Ein Beitrag zur Analyse der literarischen Situation, Karlsruhe 1948, 24.
[185] Zit. nach: Johannes Röser, Im wahren Beten zum »falschen« Gottesbeweis, in: Johannes Röser (Hg.), Gott? Die religiöse Frag heute, Freiburg 2018, 44–47; 45.
[186] https://web.archive.org/web/20071130213538/http://www.cicero.de/97.php?ress_id=6&item=2223.
[187] https://de.wikipedia.org/wiki/Staunen.
[188] Zit. nach: John Lennox, Hat die Wissenschaft Gott begraben? Institut für Glaube und Wissenschaft, Wuppertal ⁶2006, 80.
[189] Die Tagespost (20. Oktober 2007); https://de.zenit.org/articles/staunen-ist-der-anfang-professor-ulrich-luke-uber-schopfung-evolution-und-glaube-teil-2.
[190] Arthur Schopenhauer, Ueber die vierfache Wurzel des Satzes vom zureichenden Grunde. 1813. Zweite, sehr verbesserte und beträchtlich vermehrte Auflage 1847. Dritte, verbesserte und vermehrte Auflage 1864.
[191] https://de.wikipedia.org/wiki/Satz_vom_zureichenden_Grund.
[192] Ueber die vierfache Wurzel des Satzes vom zureichenden Grunde. 1813, §14. Hier zit. nach: Ausgabe Holzinger, Berlin 2014, 23.
[193] Ebd., Kapitel 4–7.
[194] Kritik der reinen Vernunft B 670 (= Werke II, 563 f.).
[195] Reflexionen zur Metaphysik Nr. 4996, in: Kants handschriftlicher Nachlass Bd. V (Berlin/Leipzig 1928), 55 (= Kants gesammelte Schriften, hrsg. von der Preußischen Akademie der Wissenschaften, Bd. XVIII).
[196] Gotthard Fuchs, Gotte Beweis, in: Christ in der Gegenwart 14/2019, 143.
[197] Meister Eckhart, Deutsche Predigten und Traktate, (Hg. Josef Quint), München 1963, 30 (dort auch genaue Angabe der Belegstellen bei Meister Eckehart).
[198] Summa Theologiae II-II, qu. 8, a 1.
[199] Hans Küng, Existiert Gott?, München ³2004, 603.
[200] J. Hochstaff, Negative Theologie. Ein Versuch zur Vermittlung des patristischen Begriffs, München 1976, 154; zit. nach: Andreas Benk,

Gott ist nicht gut und nicht gerecht. Zum Gottesbild der Gegenwart, Düsseldorf 2008, 58 f.

[201] Heinrich Denzinger, Enchiridion symbolorum, definitionum et declarationum des rebus fidei et morum. Kompendium der Glaubensbekenntnisse und kirchlichen Lehrentscheidungen. Lateinisch-deutsch, übers. Und hg. von P. Hünermann, Freiburg [37]1991, Nr. 806.

[202] Thoma von Aquin, De potentia, q. 7, a. 5, ad 14 (Illud est ultimum cognitionis humanae de Deo quod sciat se Deum nescire).

[203] Thoma von Aquin, Expositio super librum Boethii De trinitate, q. 1, a. 2, ad 1 (Dicimur in fine nostrae cognitionis Deum tamquam ignotum cognoscere).

[204] Thomas von Aquin, Summa contra gentiles, III, c. 49, n. 8., (Unde et ad huius sublimissimae cognitionis ignorantiam demonstrandam, de Moyse dicitur (Exod. 20-21), quod accessit ad caliginem in qua est Deus).

[205] Thomas von Aquin, Expositio super librum de causis, lect. 6 (De causa autem prima hoc est quod potissime scire possumus quod omnem scientiam et locutionem nostram excedit).

[206] Vgl. z. B. De potentia, q. 7, a. 5c.

[207] William J. Hoye, Die Unerkennbarkeit Gottes als die letzte Erkenntnis nach Thomas von Aquin; erschienen in: *Thomas von Aquin* (Miscellanea Mediaevalia, XIX), hg. v. A. Zimmerman. Berlin 1988, 117–139.

[208] Hans-Joachim Höhn, Ferne Nähe. Plädoyer für eine »theologia negativa«, in: Publik-Forum 16/2009, 33f.; Vgl. auch: Ders., Der fremde Gott. Glaube in postsäkularer Kultur, Würzburg 2009.

[209] Hans-Joachim Höhn, Ferne Nähe, 33.

[210] Ebd., 34.

[211] Zit. nach: Gotthard Fuchs, »Gott ist eine Anstrengung, die Götter sind ein Vergnügen«, in: Johannes Röser (Hg.), Gott? Die religiöse Frage heute, Freiburg 2018, 15–19; 18 f.

[212] Norbert Scholl, Anders in die Zukunft gehen. Warum Christsein sinnvoll ist, Paderborn 2018, 178 f.

[213] Vgl. Karl Rahner, Grundkurs des Glaubens. Einführung in den Begriff des Christentums, Freiburg / Basel / Wien 1976, 54-61.

[214] Hans Küng, Existiert Gott? Antwort auf die Gottesfrage der Neuzeit, München / Zürich 1978, 628 f.

[215] Gotthard Fuchs, »Gott ist eine Anstrengung, die Götter sind ein Vergnügen«, in: Johannes Röser (Hg.), Gott? Die religiöse Frage heute, Freiburg 2018, 15–19; 16.

Höhn + Resch 173/174

146